PARIS et TÉHÉRAN

Mis à quelques journées de distance par le Chemin de fer Asiatique

ORGANISATION

D'UNE

NOUVELLE COMPAGNIE FRANÇAISE

DES INDES ORIENTALES

ET

CONSTRUCTION D'UN CHEMIN DE FER

qui relierait l'Inde aux États de l'Europe

ÉTUDES COMMERCIALES & PROJET DE CHEMIN DE FER DÉDIÉS

A

S. M. LE SHAH DE PERSE

pendant son court séjour à Paris

PAR

SON TRÈS-HUMBLE ET TRÈS-RESPECTUEUX SERVITEUR

Aristide FERRÈRE

PARIS

IMPRIMERIE WIESENER—LUTIER ET COMPAGNIE

36, Rue Delaborde.

1873

PARIS et TÉHÉRAN

Mis à quelques journées de distance par le Chemin de fer Asiatique

ORGANISATION
D'UNE
NOUVELLE COMPAGNIE FRANÇAISE
DES INDES ORIENTALES

ET

CONSTRUCTION D'UN CHEMIN DE FER

qui relierait l'Inde aux États de l'Europe

ÉTUDES COMMERCIALES & PROJET DE CHEMIN DE FER DÉDIÉS

A

S. M. LE SHAH DE PERSE

pendant son court séjour à Paris

PAR

SON TRÈS-HUMBLE ET TRÈS-RESPECTUEUX SERVITEUR

Aristide FERRERE

PARIS

IMPRIMERIE WIESENER — LUTIER ET COMPAGNIE

36, Rue Delaborde.

1873

A Messieurs les Honorables Membres des Chambres de Commerce de France,

L'Angleterre s'occupe de la construction d'un chemin de fer dans la Vallée de l'Euphrate et d'après le *Pall Mall Gazette*, le comité choisi pour examiner et rendre compte de ce projet de railway, servant de communication entre la Méditerranée, la Mer Noire et le Golfe Persique, a fait son rapport, qui a été publié.

« Le comité déclare qu'il est satisfait de pouvoir
« annoncer qu'il n'y a aucun obstacle insurmontable
« à la construction d'un railway qui partirait d'un
« port convenable de la Méditerranée pour aboutir à
« un autre port convenable dans le Golfe persique;
« qu'il y a plus d'un port à choisir aux deux extré-
« mités de la ligne; qu'il y a plusieurs routes pratica-
« bles, qu'il n'y aurait aucune difficulté de se procu-
« rer des travailleurs et des matériaux pour la con-
« struction d'un railway, et aucune appréhension
« d'être inquiété par les habitants, soit pendant les
« travaux de construction, soit après que le railway
« sera achevé.

« Les membres du comité trouvent que c'est avec
« raison qu'on peut espérer la sanction du gouverne-
« ment Turc, en lui présentant un projet bien conçu.
« Le comité est arrivé à cette conclusion qu'il n'est
« pas possible de faire une entreprise privée sans être
« assisté; mais, il fait observer que si le gouverne-
« ment Anglais lui donnait son appui sous la forme
« d'une garantie suffisante, le gouvernement Turc pro-

« tégcrait probablement l'entreprise; c'est l'opinion de
« beaucoup de témoins compétents qu'une telle garantie
« serait digne d'un tel pays, lors même qu'elle nécessi-
« terait un sacrifice pécuniaire considérable — les
« membres du comité pensent que 10 millions de
« livres sterling (250 millions de francs), couvriraient
« les dépenses de la route proposée la plus courte. »

Pour conclure le rapport dit : « Les membres du
« comité sont d'avis que les deux routes par la Mer
« Rouge et par le Golfe Persique peuvent exister et
« être employées simultanément.... et ils croient que
« le gouvernement Anglais ne pourrait faire mieux que
« d'entrer en rapport avec le gouvernement Turc dans
« le sens indiqué par la correspondance semi-*officielle*
« qui a déjà attiré l'attention du comité (1). »

L'exécution de ce projet, par les Anglais, aurait certainement les conséquences les plus désastreuses pour
notre commerce extérieur, parce que cette nouvelle
route, qui joindrait les possessions de l'Angleterre sur
l'Indus, serait une augmentation considérable de son
immense territoire en Asie, qui alors, commencerait sur
les bords de la Méditerranée, et s'étendrait jusqu'au
delà du Gange ! La pensée se perd en songeant à l'a-
venir d'une puissance maritime, commerciale et indus-
trielle qui posséderait une aussi grande étendue de
pays et de royaumes, les plus riches du monde et qui
posséderait pour y pénétrer les trois routes sur les quatre
qu'y conduisent, ce serait éterniser entre les mains des
Anglais le monopole du commerce de l'Europe avec les
Indes ; ce serait la *ruine complète* du commerce français

______

(1) Correspondance échangée entre sir George Jenkison et Musurus-
Pacha, pour la construction d'un railway.

en Asie, et une diminution de la puissance Russe dans cette partie du monde.

Le commerce de l'Europe continentale, comme celui de la France a le plus grand intérét à ce que la route par la Mésopotamie ne soit pas construite par les Anglais, parce que les contrées que traverserait le railway, seraient bien vite peuplées de leurs commerçants, encombrées de leurs marchandises, inondées de leur Bible, pour finir, *comme toujours,* par devenir sous leur dépendance.

Si ce projet de route était présenté par d'autres que par des Anglais, on pourrait continuer ce malheureux système de renvoyer d'année en année, au préjudice de notre commerce extérieur, la solution de cette question d'Orient, qui au fond, n'est autre, pour la France, que la possession de la route continentale des Indes par l'Asie-Mineure. Mais, avec le peuple anglais, doué de qualités qui nous le font admirer, les entreprises les plus vastes sont exécutées sans retard, lorsqu'elles sont à la convenance de son commerce. Or, ici la question ne fait pas doute, il y aurait péril pour nous à retarder de s'occuper d'améliorer la *déplorable situation* faite à notre commerce avec l'Inde.

Pour réserver nos droits de priorité aux études commerciales que nous avons faites et au projet de chemin de fer que nous avons dressé, nous croyons, utile, dans ce moment, de rappeler que notre projet de chemin de fer, pour relier l'Inde aux États de l'Europe, par la Mésopotamie et la Perse, a été soumis la première fois en 1854, à l'Empereur Napoléon III.

L'Empereur nous fìt répondre par M. Mocquard que, « c'était TROP TÔT! »

L'année d'après, ce projet fut présenté aux principales Chambres de commerce de France, qui l'approuvèrent, et plus tard, il fut soumis à LL. EE. MM. les Ambassadeurs de Russie, d'Autriche-Hongrie et de Turquie, et ensuite il fut envoyé à la commission d'enquête parlementaire, nommée en 1869, au sujet du traité de commerce avec l'Angleterre.

Notre projet diffère entièrement du projet anglais; un simple coup-d'œil jeté sur la carte suffit pour le démontrer, et l'exposé que nous allons en faire rendra évidente son utilité pour le commerce de l'Europe continentale.

1854

On ne pouvait que se féliciter de l'essor donné au commerce, au crédit, à l'industrie et à l'agriculture par le gouvernement de l'Empereur; mais, les esprits pratiques voyaient arriver le moment où notre fabrication s'arrêterait, parce que nous n'avons pas en France, comme nos rivaux d'Angleterre, deux cents millions de consommateurs à pourvoir, et parce que les matières premières nous reviennent à des prix très-cher, faute de marchés pour s'y approvisionner.

Ces considérations firent naître en nous, l'idée de réparer la perte immense que la France avait faite en abandonnant l'Inde, et dans ce but, de rechercher le moyen de la reconquérir pacifiquement.

Un simple regard jeté sur la mappemonde nous indiquait ce moyen; on voit en effet, que la voie ferrée qui relie Paris à Vienne, et qui le sera bientôt à Constantinople, peut se prolonger, par la vallée du Tigre, jusqu'aux embouchures de l'Indus, et que, par la diversité des climats, la fertilité du sol et les nombreuses populations qui les habitent, ces contrées seraient certainement pour la France (*si on s'y établissait*) ce que l'Inde et l'Australie sont pour les Anglais.

Après avoir étudié la question, nous eûmes l'honneur de soumettre à l'Empereur Napoléon III la proposition de former, avec le *concours* de son gouvernement, une Société française des Indes-Orientales, pour fonder des établissements de commerce, d'agriculture et d'industrie, en Mésopotamie, en Perse et dans l'Afghanistan occidental, et pour construire un chemin de fer qui relierait l'Inde aux États de l'Europe.

Partant de Constantinople, ce chemin traverserait l'Anatolie et la Mésopotamie jusqu'à Bagdad ; de cette ville la ligne se dirigerait sur la frontière de la Perse qu'elle franchirait au-dessous de Nezzerotte pour se diriger sur Chouster. A Chouster, la ligne bifurquerait, elle se dirigerait d'un côté à Astérabad sur la mer Caspienne et de l'autre à Guettur sur l'Océan-Indien. Un embranchement partant d'Alsaretti, irait joindre Alexandrette sur la Méditerranée.

Un coup d'œil sur la carte suffit pour voir que notre projet de route ne relie pas seulement l'Inde aux États de l'Europe, de manière à ne servir que les intérêts anglais, comme le projet de MM. Thomas et Low, mais, conçu dans l'intérêt général du commerce, notre railway relierait aussi les quatre mers qui baignent notre continent, et il aurait cet avantage de posséder comme gare à chacun des quatre points extrêmes de sa ligne en Asie, une grande ville maritime.

Ces villes sont :

Constantinople, sur le Bosphore ;

Guettur, sur l'Océan-Indien ;

Astérabad, sur la mer Caspienne ;

Alexandrette, sur la Méditerranée.

Quatre issues ouvertes aux échanges de cette terre

d'Asie, où tout naît et commence, et cette terre d'Europe, où tout se perfectionne et s'achève.

Maintenant, comment ne pas admettre que chacune des quatre villes placées aux extrémités de notre ligne, et sur quatre mers différentes, n'attireraient par à elles un immense commerce de *toutes les nations du monde?* N'est-il pas de la dernière évidence que :

Astérabad, situé sur l'Ester, au fond d'une baie sûre de la mer Caspienne, commercera par terre et par mer, avec la Géorgie et toutes les provinces russes du Caucasse? Et comme elle se trouve au point de rencontre de deux routes intérieures qui se dirigent, l'une au nord-est, vers Khiva, Bouckara, Samarcande, l'autre au sud-est, vers Hérat, Caboul, Kandahar et Moultan, elle commercera aussi avec le Turkestan, le Thibet et l'Afghanistan, avec bien plus d'avantage qu'on ne le fait de Calcutta et de Bombay, parce que ces dernières villes sont *infiniment plus éloignées* qu'Astérabad de ces pays.

Ne voit-on pas que Guettur, placé au fond d'un golfe sur la mer des Indes, près les embouchures de l'Indus, attirera une grande partie du commerce des provinces limitrophes et une bonne partie de celui qui se fait *par mer avec la Chine et le Japon?*

Peut-on contester que Constantinople, qui commerce avec l'Allemagne, la mer Noire et toute l'Asie-Mineure, ne commercera pas *en plus* avec la Russie asiatique et les provinces de la Perse qui bordent toute la mer Caspienne, avec lesquelles elle n'a aucune relation?

Enfin, n'est-il pas évident que Alexandrette, placée sur la Méditerranée, aura des relations suivies avec tout l'archipel, avec Venise, Trieste, Naples, Gênes et Marseille, dont elle est aussi rapprochée que Port-Saïd?

Comment, avec de pareils éléments de trafic et le

mouvement que nos comptoirs provoqueraient dans l'intérieur de toutes ces provinces, ne pas reconnaître que le chemin de fer projeté par MM. Thomas et Low ne peut pas soutenir la comparaison avec la prodigieuse artère continentale que nous proposons de construire?

Malgré ce brillant avenir, notre projet ne fut pas agréé par l'Empereur.

III

1855

Craignant m'être fait illusion et souhaitant connaître l'opinion des chambres de commerce sur cette question, j'eus l'honneur de leur adresser mon projet de « Société française des Indes Orientales », et j'eus, cette fois, la satisfaction de recevoir, en février et mars 1855, des lettres qui témoignaient de la sympathie des chambres de commerce pour mon projet, dont l'exécution devait, disait la chambre de Lille, « *étendre nos rela-* « *tions, créer à notre production de nouveaux débouchés* « *et imprimer une activité nouvelle au travail manufac-* « *turier.* » Celle de Nîmes exprime le même sentiment; elle dit : « La chambre de commerce de Nîmes apprécie « les heureuses combinaisons du projet vaste et fécond « que vous avez conçu; il lui paraît réunir le double « avantage de contribuer aux progrès de la civilisation « et de favoriser le développement de la prospérité « commerciale de la France. La chambre fait des vœux « sincères pour le succès de votre entreprise, dont elle « apprendra avec satisfaction la réalisation prochaine. »

1857

Forts de l'appui moral des organes du commerce et de l'industrie, nous avons persévéré à propager l'idée, au moyen de publications successives, et persuadé que l'alliance commerciale et politique de la France et de la Russie peut contribuer puissamment au développement de notre commerce extérieur, nous avons fondé, en juin 1857, le journal :

LA MUTUALITÉ FRANCO-RUSSE

journal des intérêts réciproques de la France et de la Russie.

En le publiant à nos frais, nous avions pour but de démontrer que, puisque par le fait de son immense surface, la Russie unit l'Europe à l'Asie, et semble même les confondre, par l'ellipse que forment au loin ses frontières mi-parties européennes et mi-parties asiatiques, elle se trouve admirablement placée pour servir de transit à nos marchandises en destination de l'Asie centrale, aujourd'hui, surtout, que Saint-Pétersbourg et Moscou sont reliés à Paris par le railway, et que les trois routes vers l'Inde que la Russie vient de construire sont à peu près achevées. L'une de ces routes, par la mer Caspienne, se dirige vers Hérat, et les deux autres sur Caboul et Cachemire, où elles rejoindront la route qui bifurque à Lahore et aboutit à Bombay et à Calcutta.

La direction de ces routes dit assez haut au commerce français l'intérêt qu'il aurait à voir conclure une alliance avec la Russie qui, en échange de nos produits fabriqués qu'elle consomme, et dont elle pourvoirait l'Asie centrale, nous fournirait ceux de ces fertiles contrées. Il est évident que, si au lieu de suivre comme des moutons les routes maritimes anglaises par Suez ou par le Cap, qui ne peuvent conduire que sur le littoral indien, dans les possessions anglaises, nous nous avancions directement par l'Asie-Mineure et la Perse jusques dans l'Afghanistan occidental et jusques sur les frontières russes qui sont à Khiva et à Samarcande, nous nous établirions pacifiquement en face des possessions anglaises sur l'Indus et nous mettrions ainsi une limite à leurs conquêtes vers l'Occident, pendant que la Russie les arrête vers le Nord.

Le projet de MM. Thomas et Low faciliterait cette conquête des Anglais vers l'Occident, et c'est précisément une des raisons pour laquelle la France doit s'opposer à son exécution, en s'entendant avec la Russie et en nous facilitant les moyens de constituer la Société française des Indes-Orientales que nous proposons de former.

De l'alliance de la France et de la Russie et de l'exécution de notre projet de société, daterait une ère nouvelle, qui donnerait au gouvernement français sa part d'influence dans l'Asie, et qui permettrait à notre commerce de s'établir pacifiquement dans l'intérieur de ces riches contrées; chacune des trois grandes puissances, l'Angleterre, la Russie et la France, aurait sa route particulière pour pénétrer dans l'Inde, mais toutes les routes seraient ouvertes, parce que le commerce n'aura jamais trop de routes.

Voilà l'idée neuve, grande, féconde et patriotique! idée approuvée par les chambres de commerce! Et du moment que « *nous n'avons pas les immenses débouchés de l'Angleterre,* » que « nous n'avons pas l'Inde et l'Australie, » comme a dit à la tribune notre illustre orateur et homme d'État M. Thiers, POURQUOI NE PAS CHERCHER A LES AVOIR ?

La constitution de notre société nous en offrirait le moyen et l'alliance commerciale et politique avec la Russie contribuerait au maintien de nos établissements en Asie. En effet, assez éloignés des possessions anglaises, pour ne pas éveiller leur susceptibilité, mais assez rapprochés de la Russie, dont la main ferme pourrait au besoin protéger efficacement les personnes et les propriétés, nos comptoirs seraient dans une sécurité parfaite.

Jamais Société n'a eu de raison d'être plus fondée, et jamais Société n'a présenté un plus riant avenir comme rapport d'argent et une plus belle occasion pour la France, de relever son honneur profondément atteint par le lâche abandon de nos possessions dans les Indes.

En visitant les riches et variés produits des Indes et de la Louisiane, à l'Exposition universelle de 1867, les Français ne pouvaient s'empêcher d'éprouver un sentiment d'humiliation en songeant que ces belles contrées nous avaient appartenu, et qu'aujourd'hui notre commerce est tributaire de l'Angleterre et des États-Unis, pour les produits du sol de ces riches provinces qui leur appartiennent.

L'Inde française n'existe plus, car Pondichéry, Chandernagor et la Cochinchine sont des points infimes qui ne comptent pas.

Ce serait au gouvernement français à prendre l'initiative; mais, du moment qu'il s'abstiens, c'est aux représentants de la nation, c'est aux fabricants, aux commerçants à s'entendre pour réparer la perte immense faite par la France et pour reconquérir pacifiquement l'Inde française.

Qu'on souscrive le capital de notre Société, qu'on fonde des établissements dans les provinces indépendantes en deçà de l'Indus, et les habitants des royaumes

et des provinces de la Perse, du Moultan, de l'Afganis-
tan, du Kandahar, de Lahore, accueilleront nos compatriotes comme ils ont accueilli les généraux Allard et
Ventura, et favoriseront les opérations des comptoirs
que la Société y établirait avec les moyens puissants que
lui donnerait l'immense capital dont elle aurait la dis-
position.

Qu'a à faire, dans cette grande question, le canal de
Suez, que le gouvernement de l'empereur a protégé
d'une manière toute spéciale?

Rien, puisqu'il n'est que la route anglaise par le Cap,
raccourcie.

Tout invite la France à une alliance avec la Russie,
tout, jusqu'à cette particularité qui n'est pas sans valeur,
au point de vue de nos commerçants à qui les langues
étrangères ne sont pas familières, c'est que la langue
française, qui est celle de la science et de la civilisation,
est passée, sans effort, des rives de la Seine aux rives
de la Newa et s'y est pour ainsi dire naturalisée.

Nous ne voulons pas dire qu'il faille retirer notre
main de la main des Anglais, mais nous devons serrer
étroitement la main des Russes.

Ces trois mains n'étaient-elles pas unies à Navarin?
Pourquoi ne le seraient-elles pas dans l'Afghan?

Par malheur, l'entrevue des deux Empereurs à Stutt-
gard n'eut pas les résultats que nous aurions souhaité,
pour le développement et la prospérité du commerce
français, et l'appui donné plus tard aux révolutionnaires polonais, éloignait encore et pour longtemps le
moment opportun de former cette alliance si naturelle
et si utile au commerce des deux nations !

IV

1869

Le temps avait donné raison à nos prévisions, et, à la veille de voir renouveler le traité de commerce qui les ruinait, les fabricants organisaient des meetings et nommaient des syndicats, pour exposer au Gouvernement la situation fâcheuse qui leur était faite par l'exercice de ce traité.

A la fin de cette année de 1869, le mécontentement de la population des villes manufacturières était extrême, et l'on demandait assez impérieusement au gouvernement de dénoncer le traité de commerce avec l'Angleterre. A mon sentiment, c'était méconnaître les immenses progrès faits dans la nation par les idées de libre-échange, et le gouvernement de l'Empereur, tout en consentant à faire quelques modifications à ce traité par le rétablissement *momentané* de tarifs protecteurs, sur certains articles, ne pouvait pas faire moins que de tenir compte des idées du jour.

Je profitai de l'occasion pour adresser à **MM.** les fabricants *une lettre* pour les engager à se préoccuper de chercher, en *dehors de la protection*, le moyen d'arriver à ne plus redouter l'entrée en libre franchise des marchandises anglaises sur notre marché, et de pouvoir lutter avec avantage sur les marchés étrangers, et nous démontrions que ce résultat pourrait être obtenu, s'ils voulaient s'unir pour constituer la Société française des Indes orientales, que nous proposions de fonder depuis de longues années.

« En effet, disais-je dans cette lettre, n'est-il pas

« évident que le jour où notre Société établirait des
« comptoirs dans chaque principale ville de l'Asie-Mi-
« neure et de la Perse, notre commerce serait mis immé-
« diatement en rapport direct et prompt avec des mil-
« lions de nouveaux consommateurs ?

« N'est-il pas évident encore que cette nouvelle direc-
« tion donnée par notre Société à notre commerce avec
« les Indes-Orientales, ouvrirait à nos produits les mar-
« chés de l'intérieur de l'Asie-Mineure, de la Perse et des
« provinces qui confinent à l'Indus ?

« Peut-on contester qu'en envoyant directement nos
« marchandises à nos maisons établies dans l'intérieur
« de ces contrées, nous ne les vendrions pas aux indi-
« gènes à des prix beaucoup plus élevés que ceux aux-
« quels nous les vendons dans les ports anglais du litto-
« ral de l'Océan-Indien, et que nous y achèterions les
« matières premières à des prix plus bas ?

« N'est-il pas de la dernière évidence que la voie ma-
« ritime par Suez, toujours longue et périlleuse, ne
« conduit notre commerce que dans les ports anglais de
« l'Océan-Indien, dans les villes anglaises, emcombrées
« de marchandises anglaises, où la concurrence raison-
« nable est impossible, et où il n'y a que l'avilissement
« des prix qui fait vendre ?

« Pour les retours, notre commerce n'a-t-il pas les
« mêmes désavantages ?

« N'achetons-nous pas, de seconde et de troisième
« main, aux négociants anglais, qui seuls trafiquent
« avec les indigènes de l'intérieur de l'Asie, les matières
« premières et toutes les productions de ces riches con-
« trées ?

« Enfin, en nous servant de la voie maritime par
« Suez ou par le Cap, ne payons-nous pas aux Anglais

« qui, par leur nombreuse marine, peuvent *seuls* se
« charger de transports, le frêt à l'aller et au retour ?

« Tous ces inconvénients de la route maritime par
« Suez, comme par le Cap, constituent pour notre com-
« merce et notre industrie des pertes très-considérables ;
« et comment, avec tous ces désavantages, vouloir que
« nos fabriques puissent lutter avec celles de l'Angleterre ?

« Mais ce ne serait pas le rétablissement momentané
« de quelques droits protecteurs qui changerait cette
« triste situation, et convenons que l'intérêt de notre
« commerce demande, pour trafiquer utilement avec
« les Indes, une route courte, facile, sûre et prompte,
« qui ne touche pas seulement à quelques points du
« littoral, mais qui, artère profonde, traverse les cen-
« tres de l'Europe, de l'Asie et desserve ainsi avec plus
« d'économie les nombreuses villes manufacturières de
« l'Europe et les grands centres d'échange et de produc-
« tion de l'Asie.

« Le jour où la route continentale des Indes, que
« nous proposons de construire, sera achevée en entier,
« le jour où l'on pourra aller, sans discontinuer, de
« Paris à Astérabad et à Guettur, par Vienne, Constan-
« tinople, Bagdad, Chouster, Ispahan et Chiras en deux
« semaines, le monopole du commerce maritime des
« Indes sera brisé, le mouvement commercial sera
« centuplé, car des millions de marchands s'y livre-
« ront par la facilité de pouvoir renouveler, plusieurs
« fois par an, leur opération et par celle de pouvoir,
« au besoin, aller veiller eux-mêmes à leurs intérêts,
« car le temps est, lui aussi, un capital précieux.

« Examinée à ce point de vue, la question s'agrandit
« et les intérêts individuels doivent s'effacer devant l'in-
« térêt général des peuples, et si, effectivement, la

« route par l'Autriche, Constantinople et Bagdad doit
« avoir pour résultat de nous fournir, à meilleur mar-
« ché que les voies maritimes, les matières premières,
« les drogues, les épices, les teintures dont l'Europe a
« un si grand besoin, si elle ouvre à nos produits les
« marchés de l'intérieur de l'Asie ; si, enfin, elle met à
« quelques journées de distance, une population de
« 180 millions de consommateurs, la question est
« jugée, et la route que nous proposons de construire
« doit être préférée à toute autre.

« Le mouvement qui se ferait sur cette route mettrait
« en rapport journalier les peuples de l'Occident et
« ceux de l'Orient ; de ces rapports, naîtraient vite des
« relations d'affaires qui n'existent pas aujourd'hui, et
« la production qui s'arrête forcément, faute de nou-
« veaux consommateurs, trouverait, dans les marchés
« de l'intérieur de l'Asie, des débouchés nombreux.

« Notre Société française des Indes-Orientales facili-
« terait, à l'origine, ce mouvement commercial, en se
« servant de la route actuelle améliorée et en créant
« immédiatement, depuis Paris jusqu'à Cachemire et
« Lahore, des maisons de commerce qui, sous le nom
« de comptoirs, se chargeraient, moyennant commis-
« sion, de recevoir dans leurs magasins les marchan-
« dises qu'on voudrait envoyer sur les marchés de
« l'Asie-Mineure, de la Perse, du Hérat, du Kandahar
« et du Caboul, de les vendre, d'en faire le retour et
« d'acheter les productions du sol ; toutes opérations qui
« auraient pour garantie la Société française des Indes-
« Orientales. — Le commerce trouve-t-il aujourd'hui,
« pour ses transactions avec l'Asie, une sécurité aussi
« réelle ?

« De la constitution de notre Société daterait l'ère de
« la civilisation et de la liberté pour les peuples de

« l'Asie-Mineure et de la Perse, et de ce jour daterait
« aussi l'affranchissement du tribut que le commerce
« français paye à l'Angleterre pour les provenances de
« l'Inde. Cette double conquête pacifique nous semble
« digne des fabricants et du commerce français. »

Si ce que nous venons d'exposer ne peut que très-difficilement être contesté, comment les fabricants ne se réunissent-ils pas pour constituer la Société française des Indes-Orientales que nous proposons de former, du moment qu'il est démontré que les avantages qu'ils en retireraient seraient plus qu'une compensation au préjudice que leur cause le traité de commerce avec l'Angleterre?

Comment supposer qu'avec les idées actuelles de liberté, dont ils sont animés, les fabricants puissent vouloir demander aujourd'hui à la protection des avantages qu'ils peuvent obtenir dix fois plus grands par la constitution de notre Société, qui *fonderait l'Inde française,* et contribuerait ainsi à la grandeur de la France, au développement et à la prospérité du commerce et de l'industrie?

Et comment supposer que le gouvernement français, qui a si généreusement subventionné des entreprises d'un intérêt général d'une importance beaucoup moins grande, ne viendrait pas en aide à la constitution de notre Société qui fonderait des établissements français dans les plus riches, les plus fertiles et les plus populeuses provinces de l'Asie, si les fabricants et les commerçants *le demandaient par pétition* à l'Assemblée nationale?

Notre Société ouvrirait à toutes les jeunes intelligences le champ le plus vaste que l'imagination puisse concevoir : l'Asie ! Par notre railway, on pénétrerait facilement, promptement et sûrement dans l'intérieur de ses plus belles provinces, et la jeunesse capable et pleine d'ardeur y apporterait, avec la civilisation, notre langue, nos arts et notre industrie.

Nos établissements donneraient aux Français l'avantage qu'ont les Anglais, en allant dans les Indes, de ne pas s'y trouver isolés, d'y être à peu près comme chez eux. On parle anglais dans les Indes; faisons qu'on y parle aussi français.

Depuis seize années que nous propageons l'idée, nous ne nous sommes adressés qu'au gouvernement de l'Empereur et à celui de la République, sous la présidence de M. Thiers; mais à la veille de voir s'accomplir par les Anglais une entreprise qui porterait un coup mortel à notre commerce, et amoindrirait notre influence politique, nous faisons appel au patriotisme des écrivains et nous leur demandons de vouloir examiner la question à ces deux points de vue, et ensuite, s'ils pensent qu'en effet la *propriété* du chemin de fer de Constantinople à la vallée de l'Indus, donnerait au commerce anglais, toujours envahissant, une prépondérance considérable dans ces contrées, et diminuerait d'autant notre influence politique, nous les prions de vouloir nous aider à faire prévaloir notre projet français, en *provoquant un pétitionnement général à l'Assemblée nationale*, à laquelle nous adresserons notre projet, pour que cette dernière route, conduisant dans l'Inde, appartienne à la France, ce qui ne serait que justice et rétablirait sur ce point l'équilibre. Et, comme la frontière Russe asiatique confine a Astérabad, point extrême de notre ligne, il est du plus grand intérêt, pour la sécurité de nos personnes et de nos propriétés, de nous entendre très-*cordialement* avec cette grande puissance, mi-partie européenne, mi-partie asiatique.

V

Pour compléter et fortifier notre projet, nous allons comparer la route par Suez, pour laquelle on a donné trois cents millions de francs, avec celle par la Mésopotamie que nous proposons de construire, pour commercer avec les Indes-Orientales, et celle des deux qui desservira le mieux les intérêts généraux du commerce devra mériter la préférence.

Or, que demande le commerce de l'Europe? Il demande par tous ses organes :

1° Qu'on lui donne pour trafiquer avec les Indes-Orientales, une route courte, prompte et sûre, afin de pouvoir renouveler ses opérations plusieurs fois dans l'année et de pouvoir au besoin, aller veiller à ses intérêts sans perte de temps ; car le temps est, lui aussi, un capital ;

2° Qu'on lui procure de nouveaux débouchés, afin de pouvoir développer la production qui s'arrête, faute de nouveaux consommateurs ;

3° Qu'on lui facilite le moyen de pouvoir porter *directement*, sans passer par les possessions anglaises, ses marchandises manufacturées et les produits variés de son industrie, dans le cœur de l'Asie, afin d'approvisionner les marchés des villes et des villages de l'intérieur de ses riches et populeuses provinces, de pouvoir les vendre aux indigènes, et d'acheter sur les lieux de production, à meilleur marché que sur le littoral, les matières premières, les épices, les drogues et les teintures, dont le commerce et l'industrie ont un si grand besoin.

Examinons laquelle des deux routes, de celle de Suez ou de celle que nous proposons de construire, satisfait le mieux à ces conditions de prospérité pour notre commerce?

Les avantages que présenterait la route de fer par la Mésopotamie, peuvent se résumer ainsi :

1° Elle mettrait les plus fertiles provinces de l'Asie-Mineure, de la Perse et de l'Indoustan à quelques journées de l'Europe.

2° Elle pénétrerait dans le centre de l'Asie, et permettrait aux fabricants d'y apporter leurs produits et de les vendre directement aux indigènes.

3° Elle mettrait à nos portes une population de cinquante millions de consommateurs qui n'ont aujourd'hui aucune relation d'affaires avec nous, et elle ouvre ainsi de nouveaux debouchés à nos produits.

4° Elle faciliterait, aux Français, les voyages et le commerce dans ces contrées, en plaçant sur tout le parcours de la route des maisons amies, gérées par des compatriotes qui leur faciliteraient toutes opérations, leur fourniraient tous renseignements, et à l'égal des Anglais, qui en allant dans les Indes vont chez eux, les Français trouveraient dans nos comptoirs hospitalité, secours, et une nouvelle patrie.

5° Elle permettrait aux négociants, aux fabricants, d'envoyer leurs marchandises plus ou moins loin, dans l'Asie, et d'en recevoir les retours dans un mois ou six semaines, et ils n'auraient que le choix des endroits, puisqu'ils trouveraient dans chacune des contrées que la route traverserait des moyens d'échange nombreux et variés et des comptoirs établis pour les recevoir, en opérer la vente et en faire les retours.

6° Elle permettrait aux fabricants expéditeurs d'aller veiller eux-mêmes à leurs intérêts, sans perte de temps, car le temps est, lui aussi, un capital.

7° Elle soustrairait notre commerce de cette sujétion

d'aller à Calcutta ou à Bombay, acheter de seconde main aux Anglais, les matières premières et de les payer trois et quatre fois plus cher que sur les lieux de production, et d'avoir le même désavantage pour la vente de nos marchandises.

A côté de ces avantages que nous ne faisons que résumer, et que notre route offrirait au commerce de l'Europe, quels sont ceux que la route par Suez peut lui offrir ?

D'abord, on prône bien haut ce seul avantage comparatif que « la route par Suez est plus courte que celle « par le Cap. »

Soit. Mais si la route par la Mésopotamie est encore plus courte, que devient l'avantage ?

La question n'est pas de savoir si la route par Suez est plus courte que celle par le Cap : il s'agit de savoir si elle n'est pas encore *trop longue* pour le commerce ?

Là, est là question.

1° Permet-elle au négociant de renouveler ses opérations plusieurs fois dans une année, et d'aller, au besoin, veiller à ses intérêts, sans perte de temps ?

Non.

Eh bien, dès lors, cette route est encore trop longue, et ce n'est pas au moment où le vaste réseau des chemins de fer, qui embrasse toute l'Europe continentale, qui rapproche chaque ville, et met en communication journalière les peuples des diverses nations ; ce n'est pas à une époque où toutes les fortunes sont divisées, qu'on peut placer au premier rang, une route qui est exclusivement au profit des forts capitaux ou de quelque compagnie puissante. C'est continuer les priviléges qu'il faut abolir partout.

2° Donne-t-elle au commerce des moyens d'échange sur son long parcours?

Non. — Puisque du point de départ au point d'arrivée, elle n'offre qu'une vaste étendue de mer improductive, périlleuse et fort longue.

3° Ouvre-t-elle au commerce un nouvel horizon ?

Non. — Puisqu'elle laisse tout le commerce de l'Europe avec les Indes dans les mains de l'Angleterre qui, par le nombre de ses navires, peut *seule* se charger des transports.

4° Donne-t-elle au commerce de nouveaux consommateurs ? Non, puisqu'elle conduit aux mêmes points que la route par le Cap, c'est-à-dire dans des ports anglais de l'Océan-Indien, dans des villes qui sont l'entrepôt général des marchandises anglaises, et où la concurrence raisonnable est impossible, et où il n'y a que l'avilissement des prix qui fait vendre.

5° Pénètre-t-elle dans l'Asie ?

Non. — Elle ne fait que l'*effleurer*, et, par conséquent, elle ne remédie pas à ce préjudice mortel pour nos fabriques et pour le *commerce de l'Europe continentale* de ne pouvoir porter ses marchandises sur les marchés de l'intérieur de l'Asie, de les vendre directement aux indigènes et d'acheter sur les lieux mêmes de production, les matières premières à meilleur marché que sur le le littoral où le commerce ne les tient que de seconde et de troisième main.

6° Offre-t-elle la certitude d'une voie continue, toujours praticable en tous temps ?

Non, parce que personne ne peut garantir au commerce que les sables ne combleront pas le canal et Port-Saïd, comme ils ont comblé bien d'autres ports sur la Méditerranée. Or, le commerce n'admet pas d'interruption dans ses relations, et aussi longtemps qu'il ne sera pas certain de pouvoir passer d'une mer à l'autre, sans entrave ni retard, le négociant est trop prudent pour risquer d'envoyer des navires par cette voie.

7° Offre-t-elle au commerce de l'Europe la sûreté d'une indépendance complète ?

Non, puisque l'Angleterre, cette grande et formidable puissance, par ses solides établissements à Gibraltar, à Malte, à Aden, dans l'Ile de Périm et dans celle de Socotova, commande toute navigation et tout commerce à l'entrée et à la sortie du canal de Suez. On peut dire que l'isthme a été *percée à son profit*, parce que personne ne peut contester que cette route ne facilite pas aux Anglais l'accès dans leurs possessions dans les Indes.

Mais est-ce pour cela qu'on a demandé aux Français leur argent pour la construire ?

En terminant, n'est-il pas évident que la route de Suez ne peut pas ouvrir de nouveaux débouchés à nos produits manufacturés, qu'elle ne donne pas au commerce français de nouveaux consommateurs ni le moyen d'aller acheter les matières premières sur les lieux de production dans l'Inde, comme le demande le Mémoire de la Commission des ouvriers de Roubaix ?

Qu'elle ne peut, non plus, satisfaire à ce *besoin* qu'a la France d'avoir des possessions dans l'Asie, pour développer son commerce extérieur ?

Mais, si elle ne constitue pas un progrès dans le développement de notre commerce, à quoi sert cette route pour la France ?

VI

*Comparaison entre les distances qui séparent Astérabad,
Guettur, Calcutta et Bombay, ports d'embarquement des
marchandises pour l'Europe, des lieux de production des
matières premières dans l'Indoustan.*

Jusqu'à présent, on ne s'est pas préoccupé des distances que les marchandises ont à parcourir dans l'Indoustan, pour se rendre du lieu de production au lieu d'embarquement pour l'Europe, parce que cette question n'intéressait que les Anglais qui ont le monopole de tout le commerce intérieur de l'Inde; mais maintenant que la route par le Cap et sa sœur, celle par Suez, ne seront plus uniques, puisque la Russie, qui touche à Khiva (1) et à Samarcande, ouvre au commerce de l'Europe une des routes continentales des Indes, et que notre Société propose d'en ouvrir une autre, maintenant, disons-nous, cette question économique des transports, dans l'intérieur de l'Asie, devient très-importante à étudier, et son étude rend plus évidente encore la supériorité de la route de fer que nous proposons de construire.

Examinons brièvement la question, au point de vue économique, des transports des marchandises venant des Indes en Europe par voie maritime ou par voie continentale (chemin de fer asiatique).

L'Angleterre possède deux grands ports de mer où se rendent la plus grande partie des productions de l'Inde destinées à l'Europe; ce sont : Calcutta et Bombay.

Le chemin de fer asiatique aurait pour gares, à ses extrémités aux confins de l'Inde, deux villes, Astérabad

(1) Aujourd'hui la Russie possède Khiva.

et Guettur, où les marchandises pourraient se rendre pour venir en Europe.

Naturellement, celles des villes les plus rapprochées des lieux de production auraient la préférence ; il n'y a donc qu'à compter les distances qui séparent Calcutta, Bombay, Astérabad et Guettur des lieux de production. Le compas n'est pas même nécessaire, et un simple coup-d'œil sur la carte suffit pour voir que :

1° Khiva, Bouckara, Samarcande, Marwell et Bolk, situés au nord-est d'Astérabad, sont infiniment plus rapprochés d'Astérabad que Calcutta ou Bombay ;

2° Que Meckel, Hérat, Caboul, Péchaquar, Cachemire, Lahore, à l'est d'Astérabad, sont également beaucoup plus rapprochés d'Astérabad que de Calcutta et de Bombay ;

3° Que, au sud-est d'Astérabad et au nord-est de Guettur, les villes de Girick, Kandahar, Moultan, Kélat, Bayla et Hydérabad, sont infiniment plus rapprochés de Guettur et d'Astérabad même, que de Bombay et de Calcutta.

Et, comme dans l'Asie-Centrale, les distances à franchir sont énormes, c'est par des différences de *plusieurs mille* kilomètres qu'il faut compter pour exprimer la différence de parcours que les marchandises auront à faire pour se rendre du lieu de production au point de leur embarquement pour l'Europe, soit à Calcutta, soit à Bombay, soit à Astérabad, soit à Guettur ; ces différences sont toutes à l'avantage des gares de notre ligne projetée d'Astérabad et de Guettur ; nous en avons dressé le tableau, et pour, dès à présent, en donner une idée, prenons pour point de comparaison la ville de Cachemire —si on mesure la distance qui sépare Cachemire de Calcutta, on trouve qu'elle en est éloignée de 3,100 kilom., tandis qu'elle n'est qu'à 1,700 kilomètres d'Astérabad.

Les marchandises de la vallée de Cachemire auraient donc 1,400 *kilomètres de plus* à parcourir pour se rendre à Calcutta qu'à Astérabad.

Remarquons que nous prenons ici le point le plus rapproché de Calcutta, au lieu de production, les autres grands centres de l'Afghanistan et du haut Indus présentent des avantages encore plus grands en faveur de nos gares d'Astérabad et de Guettur ; ainsi, par exemple, Khiva est à 5,000 kilomètres de Calcutta, il n'est qu'à 600 kilomètres d'Astérabad — différence : 4,400 *kilomètres* !

Ces chiffres sont parlants, et, si nous ajoutons un mot, c'est pour dire que :

1° Le transport des marchandises pour se rendre à Calcutta aura à supporter des frais qui triplent et quadruplent le prix de la marchandise, ce qui vaut 1 fr. sur les lieux de production, vaut 3 et 5 fr. à l'arrivée à Calcutta. Ainsi tombe et s'anéantit cette objection, que l'on donne toute faite, comme on l'a reçue, sans examen, que la voie maritime est plus économique. On ne compte que le prix du fret de Londres à Calcutta, et l'on oublie les *frais énormes* qui grèvent la marchandise, à l'aller et au retour, depuis Calcutta jusqu'aux lieux de production.

Voilà une des causes qui feront que les productions des Indes pourront se vendre à Paris à bien meilleur marché qu'à Londres.

2° Que pour franchir ces immenses distances, la marchandise reste quatre et cinq mois en route, et par conséquent celles envoyées en Europe, par Astérabad et Guettur, arriveraient à Paris, seraient vendues, et les retours reçus par les expéditeurs, avant que celles envoyées en même temps à Calcutta, pour être embarquées pour l'Europe, soient arrivées dans cette capitale.

Il est de la dernière évidence qu'en se servant de notre chemin de fer, l'économie de temps et d'argent serait considérable; on profiterait des frais de transport, sur des distances aussi grandes, qui, à eux seuls, triplent le prix des matières premières ; on profiterait du magasinage et des commissions à payer à Calcutta, où il n'y a pas chaque jour des navires en charge pour toutes les directions indiquées — on profiterait de l'intérêt de l'argent qui est à 18 et 24 p. 100 dans l'Inde — on gagnerait à pouvoir renouveler plusieurs fois dans l'année ses opérations ; on éviterait souvent une perte réelle, causée par les avaries que la marchandise subit lorsqu'elle reste longtemps en route; enfin on gagnerait en Europe les frais de transport à l'aller et retour depuis Londres jusqu'aux villes manufacturières, que la ligne non interrompue de Paris à Astérabad et à Guettur desservirait en entier.

Disons pour finir cette comparaison des distances à parcourir pour les marchandises venant des Indes-Orientales en Europe que : de Calcutta à Port-Saïd, la distance est de *moitié* plus *longue* que d'Astérabad à Paris. De plus, la route par le Canal a cet inconvénient de ne trouver dans son parcours qu'une vaste mer improductive, longue, périlleuse, tandis que celle que nous proposons aurait l'avantage de traverser la Perse, la Mésopotamie, l'Anatolie, la Turquie d'Europe, la Hongrie, l'Autriche, l'Allemagne du Sud, la France et d'en desservir les capitales et les villes manufacturières.

La population des grands centres de production dans l'Inde, mérite d'être remarquée, la plupart de ces villes sont de cent mille habitants et ce serait avec ces populations que nous entrerions en *relations journalières*, grâce à nos comptoirs et au chemin de fer asiatique.

Après les considérations générales que nous venons d'exposer et qui toutes viennent à l'appui de notre projet de Société, nous allons examiner chacune des questions à leur point de vue particulier, et nous en ferons ressortir les avantages.

PROJET DE SOCIÉTÉ

Dans les plans de la création, tout est admirablement calculé, les moindres choses ont leur raison d'être et leur profonde signification. Si donc, on remarque d'abord que l'Europe et l'Asie sont, de toutes les parties du globe, celles qui se tiennent plus fortement soudées l'une à l'autre ; si l'on remarque ensuite qu'à cette connexité physique correspondent des harmonies qui rendent plus solidaires encore leur mutuel bien-être, comment ne pas lire ici, nettement exprimées, les vues de la Providence, qui a relié si bien cette terre d'Asie, où tout naît et commence, et cette terre d'Europe, où tout se perfectionne et s'achève !

Elle est donc tout à la fois, naturelle, grande et féconde, l'idée d'établir enfin, entre l'Europe et l'Asie, des rapports plus intimes, plus actifs, plus directs ; car l'Asie, est par excellence, la patrie de la matière première, comme l'Europe, est l'atelier type, de l'industrie humaine.

Enfin, personne ne conteste que, sous le rapport de l'intérêt général, la voie continentale, ne soit préférable à la voie maritime : car si le steamer est, comme le railway, un rapide trait d'union, entre deux points donnés, toutefois, le steamer ne touche qu'à quelques-uns des points intermédiaires, tandis que le railway les relie tous et les vivifie.

Ces quelques mots suffisent pour que chacun comprenne toute l'importance de la pensée qui a fait naître le projet sérieux que nous cherchons à réaliser aujourd'hui.

Ce projet est un, mais basé sur deux éléments :

1° La constitution d'une Compagnie pour faire le commerce avec les Indes-Orientales ;

2° La construction d'un chemin de fer, qui relierait l'Inde aux États de l'Europe.

Dans l'action correspondante de notre chemin et de notre Compagnie, nous nous proposons :

1° D'établir des relations plus actives, plus sûres, plus promptes entre l'Europe et l'Asie, qui semblent faites, l'une pour produire, et l'autre pour transformer ;

2° D'établir ces relations par voie continentale, suivant ainsi les indications de la nature elle-même, qui donne à l'Europe et à l'Asie, plus de huit cents lieues de communes frontières ;

3° D'établir la France et le Balouchistan, comme les deux points extrêmes de cette prodigieuse artère continentale.

La nouvelle Compagnie française des Indes-Orientales entreprendrait le commerce de l'Europe avec les Indes, de manière à avoir constamment dans ses entrepôts établis à Paris, à Vienne et à Constantinople, toutes les diverses productions des Indes, en quantité suffisante, pour satisfaire, aux besoins du commerce et des industries de l'Europe centrale ;

1° Elle établirait des comptoirs sur le parcours de la route, et dans les villes les plus commerçantes des provinces que le chemin atteint, et qui sont situées entre la Perse et l'Indus :

2° La Compagnie se servirait des routes actuelles (en les améliorant); elle y établirait un service régulier et accéléré, qui fonctionnerait en attendant la livraison de chacune des sections du chemin de fer, qu'on exploiterait au fur et à mesure de leur achèvement;

3° La Compagnie fonderait en Mésopotamie et dans quelques provinces de la Perse, des établissements d'agriculture, afin d'utiliter au profit des populations de l'Europe, la fertilité exceptionnelle, de cette terre privilégiée;

4° Elle créerait l'industrie minière et métallurgique qui est dans l'enfance dans ces contrées qui renferment, cependant, des gîtes nombreux et abondants de minerais et de métaux précieux, tels que l'or, l'argent, le cuivre, les turquoises, etc., etc., etc.;

5° Elle pourrait affermer les riches mines des gouvernements Ottoman et Persan, qui sont mal exploitées et qu'on céderait à d'excellentes conditions;

6° Enfin, la Compagnie pourrait faire toutes opérations de finance ressortant des affaires qu'elle entreprendrait pour son commerce avec les Indes, ainsi que tous traités pour achat ou cession de territoire, avec les souverains ou chefs des provinces indépendantes, rapprochées du chemin.

Tel serait l'objet de la nouvelle Compagnie française des Indes-Orientales, que nous proposons de former, avec le concours du gouvernement.

CAPITAL DE LA COMPAGNIE

DEUX MILLIARDS DE FRANCS

Dans ce siècle, l'argent est sans contredit, la plus grande puissance, et ce n'est qu'avec un capital proportionné à la grandeur de l'affaire que la compagnie que nous proposons de former pourrait fonctionner utilement. On ne fait de grandes choses qu'avec beaucoup d'argent, et la nouvelle Compagnie française des Indes-Orientales, veut faire de grandes choses pour la prospérité et la grandeur de la France; et c'est précisément la raison qui nous fait estimer a deux milliards de francs le capital nécessaire, au commerce des marchandises, à l'établissement des comptoirs, aux travaux d'agriculture, à l'exploitation des mines, et à la construction entière du chemin de fer, qui fait l'objet de la Compagnie.

Ce capital pourrait être ainsi employé :

Marchandises en magasin en Europe et en Asie pour une valeur de	1.000.000.000
Commandite de 50 Comptoirs en Asie à 1 million	50.000.000
Agriculture	100.000.000
Mines et métallurgie	100.000.000
Améliorations des rentes actuelles	20.000.000
Matériel d'exploitation	10.000.000
Armement de 10,000 gardes	2.000.000
Construction de 500 corps de garde et habitation	5.000.000
Achats d'hôtels à Paris, à Vienne, et à Constentinople	10.000.000
Construction de trois frégates et armements à 10 millions	30.000.000
Fonds destinés à des présents aux chefs des provinces et à l'achat des territoires dans le Balouchistan et l'Afghanistan, etc.	10.000.000
Construction de maisons de refuge, infirmerie, secours, etc.	6.000.000
Installation, voyages etudes de chemin de fer	4.000.000
En caisse pour imprévues	3.000.000
Coût du chemin de fer	650.000.000
	2.000.000.000

Maintenant examinons quel serait le produit des entreprises de la Compagnie.

____

ESTIMATION DU PRODUIT DU COMMERCE DES MARCHANDISES.

L'estimation du produit d'une entreprise aussi vaste et aussi féconde que celle que nous proposons, ne peut se faire que par comparaison avec ce qu'ont produit autrefois, et ce que produisent aujourd'hui les établissements qui font le même genre d'opérations. Or, nous savons qu'avant la découverte de la route des Indes par le Cap, le commerce de l'Europe avec les Indes-Orientales, se faisait par l'Asie-Mineure et la Perse, et que les villes de Rome, Venise, de Constantinople, de Gênes ne durent leur richessse et leur splendeur qu'au commerce qu'elles faisaient avec les Indes, par la route que nous proposons de prendre; et nous savons aussi que, depuis ce changement de route, Londres et Amsterdam sont devenues à leurs tour, riches, florissantes et puissantes, parce qu'elles se sont emparées de ce commerce.

Les pays par où le commerce des Indes se faisait étaient prospères, et les ruines de Ninive, de Babylone, d'Ecbatane, de Persépolis, et de tant d'autres villes célèbres, attestent encore aujourd'hui, de la grandeur des peuples qui ont habité ces vastes contrées de la Mésopotamie et de la Perse, contrées auxquelles Dieu a prodigué toutes les richesses naturelles : température variée, fertilité du sol, production des climats froids et des climats tempérés, richesses minérales incalculables, grands et beaux fleuves, rivières et cours d'eaux, tout ce qu'il faut enfin, pour faire de ce pays, l'*Inde française*, si une population civilisée, s'y établissait, pour y créer l'agriculture, le commerce et l'industrie.

L'histoire ancienne, comme celle de nos jours, nous fournit donc la preuve que les nations qui ont trafiqué directement avec les Indes-Orientales, se sont toutes enrichies et sont toutes devenues puissantes, et il en serait de même *aujourd'hui* de la France, si notre Compagnie se constituait. Tout d'abord, elle donnerait à notre fabrication des millions de nouveaux consommateurs, et en s'établissant, fortement, dans l'Afghanistan occidental elle acquerrait avec le temps, la puissance et la fortune, de la Compagnie des Indes d'Angleterre, qui possède dans l'Indoustan un vaste empire, AVEC DEUX MILLIARDS DE REVENU.

Tel est l'avenir réservé à la nouvelle Compagnie française des Indes-Orientales ; cette croyance est d'autant plus justifiée, que notre Société aurait sur la Compagnie anglaise, l'avantage d'avoir pour le transport, la voie ferrée, qui pénétrerait dans l'*intérieur des provinces*, tandis que la voie maritime, ne fait que *les effleurer*. A ce premier avantage viendrait s'en ajouter un plus grand encore, c'est que, notre Compagnie se trouverait plus rapprochée que la Compagnie anglaise, des grands centres de production ; car, ne l'oublions pas, toutes les marchandises du nord de l'Indoustan, celles du Kandahar, du Moultan, de Lahore, de Cachemire, de Balk, de Bokarie, de Samarcande ; celles du Thibet et de la petite-Tartarie pourront être livrées à Constantinople, par la route actuelle améliorée, à 80 et 100 pour 100 meilleur marché qu'on ne les trouve à Londres et à Amsterdam, parce que toutes ces marchandises auront bien moins d'espace à parcourir et moins de frais à faire pour se rendre dans le Bosphore que dans l'Océan.

Le peuple Anglais et le peuple Russe occupent les frontières de ces fertiles provinces et en absorbent les immenses richesses : *le peuple Français en restera-t-il toujours exclu?*

Mais, pour préciser la question et évaluer en chiffres ronds, le bénéfice que la Compagnie ferait avec son énorme capital, nous donnerons, à la place de *nos estimations* celles d'un homme compétent qui a étudié le commerce sur les lieux mêmes.

Voici ce qu'on lit dans un rapport adressé en 1869, par le capitaine au long cours, M. Sicard, à MM. les membres d'une Société Franco-Orientale, composée de notables négociants de Paris qui l'avaient envoyé exprès, dans ces contrées, dans un but spécialement commercial :

« Messieurs, le voyage que je viens de faire dans
« notre intérêt commun, doit être le point de départ
« de grandes et sérieuses entreprises.

« En parcourant les côtes de l'Arabie Méridionale et
« Orientale, celle du Golfe Persique et du Bélouchis-
« tan, en pénétrant dans l'intérieur de l'Asie, le long
« des vallées du Tigre et de l'Euphrate, j'ai vu partout
« les échanges commerciaux les plus abondants dont
« profitent seuls aujourd'hui, depuis un demi-siècle,
« nos hardis voisins les Anglais, ainsi que quelques
« Hollandais et Américains.

« Je ne dois pas oublier des maisons suisses établies
« à Bagdad, pour le commerce des laines.

« Mais, sur cet immense espace de 1,700 lieues ma-
« rines, depuis Aden jusqu'à Bombay, sur les *trois mille*
« kilomètres de fleuves et de rivières que j'ai parcouru
« en Mésopotamie, j'ai constaté avec amertume et
« tristesse, l'absence la plus complète des Français.

« Dans le Golfe Persique seul, sur 500 lieues de ri-

« vages, les Anglais font tous les ans, pour quatre cent
« millions de francs d'affaires.

« Dans leurs ventes et échanges, ils gagnent suivant
« les marchandises 100 et jusqu'à 200 p. 100.

« Or, qui est-ce qui, nous empêche, nous Français,
« de prendre aussi une part à ce riche gâteau ? »

De cet extrait du rapport d'un homme qui n'est pas
ordinaire, et qui a vu par lui-même, il résulte évidemment que la moyenne des bénéfices est de 150 p. 100,
savoir :

75 p. 100 sur les marchandises d'Europe, vendues en
Asie, *sur le littoral;* 75 p. 100 sur celles des Indes, vendues en Europe.

On voit de suite qu'en calculant sur cette base, notre
Compagnie qui emploierait 1 milliard dans ses entreprises, gagnerait chaque année 1 milliard 500 millions
de francs.

Ce bénéfice que la nouvelle Compagnie française des
Indes-Orientales ferait, résulte de l'estimation des profits que les Anglais font actuellement, par *voie maritime* le long du littoral du Golfe Persique, d'après le
rapport du capitaine Sicard, .et nullement de nos estimations qu'il ne justifie qu'à moitié par les raisons que
nous allons exposer :

1° Parce que avec la facilité que nous donnerait le
chemin de fer, de pouvoir porter les marchandises dans
l'intérieur de ces provinces qui produisent tout ce que
l'Europe a besoin d'acheter pour transformer; au mi-
lieu de ces populations qui consomment tout ce qu'elle
fabrique; nous les vendrions aux indigènes à des prix
infiniment plus élevés que ceux auxquels nous les vendons dans les ports anglais du littoral, et que, nous y
acheterions les matières premières à des prix beaucoup
plus bas.

2° Parce que la voie maritime toujours longue et périlleuse ne transporte nos produits que dans les ports anglais de l'Océan Indien, dans les villes anglaises qui sont l'entrepôt général de leurs marchandises et où la concurrence raisonnable devient impossible, et où souvent, il n'y a que l'avilissement des prix qui fait vendre — inconvénient qui disparaîtrait et dont nous profiterio**ns.**

3° Parce que pour les retours, notre commerce a les mêmes désavantages ; nous achetons de seconde main aux négociants anglais qui seuls trafiquent avec les Indigènes de l'intérieur, les matières premières et toutes les productions de ces contrées. Monopole qui cesserait à notre profit.

4° Parce qu'en nous servant de la voie maritime, nous payons aux Anglais, qui par leur nombreuse marine, peuvent seuls se charger des transports, nous leur payons le fret, à l'aller et au retour. Économie dont nous profiterions.

5° Parce que nous sommes obligés d'envoyer la majeure partie des marchandises pour l'Inde à Londres et de payer le transport jusque là et une commission de réception et d'embarquement, et que, pour les retours, nous avons les mêmes frais à supporter, sujétion dont nous serions affranchi et nouvelle économie dont nous profiterions.

Ces avantages, ajoutés à ceux que donneraient et la *rapidité du trajet qui permettrait au négociant de* RENOUVELER SES OPÉRATIONS PLUSIEURS FOIS DANS L'ANNÉE, et la grande économie dans le prix du transport des marchandises venant des lieux de production à nos gares plus *rapprochées* que les ports anglais de *plusieurs mille kilomètres,* ne justifient-ils pas nos paroles et n'avons-nous pas raison de dire que, si le commerce anglais gagne 75 0/0 sur chacune de ses opérations, en se servant de la voie maritime, le commerce français doit en gagner le double, en se servant de la voie continentale?

(1) On peut donc affirmer, sans crainte de faire erreur, que l'estimation des bénéfices indiqués dans le rapport du Cap Sicard, est de beaucoup inférieure à celui que la Nouvelle Compagnie française des Indes Orientales ferait, et par conséquent nous sommes autorisés à dire que, sans nuire aux intérêts de ses actionnaires, la Nouvelle Compagnie française des Indes Orientales pourrait donner chaque année gratuitement au gouvernement français cent millions de francs pour diminuer les impôts.

Pour être brefs, nous nous abstenons de faire ressortir d'autres avantages précieux et particuliers à la Compagnie que nous proposons d'organiser, mais nous croyons utile de dire encore une fois l'INTÉRÊT qu'aurait l'EUROPE CENTRALE à voir se constituer la Nouvelle Compagnie française des Indes Orientales.

Nous le répétons, que demande le commerce de l'Europe Centrale? Il demande :

1° Qu'on lui donne pour trafiquer avec les Indes Orientales une route courte, facile, prompte et sûre, afin de pouvoir renouveler ses opérations plusieurs fois dans l'année et de pouvoir au besoin aller veiller à ses intérêts, sans perte de temps, car le temps est lui aussi un capital;

---

(1) Pour démontrer d'une manière incontestable combien notre estimation de 150 0/0 de profit est infime, nous abaissons en supposition le bénéfice de chaque opération à 50 0/0, soit 25 à l'aller et 25 au retour, et comme, par chemin de fer, on pourra aller sur l'Indus en 20 jours, on admettra qu'on pourra faire cinq opérations dans l'année, et on aurait alors 50, multiplié par 5, égale 250 0/0 de profit, au lieu de 150 que nous calculons.

2° Qu'on lui procure de nouveaux débouchés, afin de pouvoir développer la production qui s'arrête partout sur le continent, faute de nouveaux consommateurs;

3° Qu'on lui facilite le moyen de pouvoir porter directement, *sans passer par les possessions anglaises*, ses marchandises manufacturées, et les produits variés de son industrie, dans le centre de l'Asie, afin d'approvisionner les marchés des villes et des villages de l'intérieur de ses riches et populeuses provinces, de pouvoir les vendre directement aux indigènes et d'acheter sur les lieux mêmes de production, à meilleur marché que sur le littoral, les matières premières, les épices, les drogues, les teintures, dont le commerce et l'industrie de l'Europe Centrale ont un si grand besoin.

Or, il n'y a que la construction de notre chemin de fer et l'exercice de notre Compagnie qui puissent satisfaire à ces conditions de prospérité pour le commerce de l'Europe Centrale, parce que les nombreux inconvénients de la route maritime constituent, pour son commerce, des pertes considérables qui ne permettent pas à ses fabriques de produire assez bon marché pour lutter avec celles de l'Angleterre, et l'intérêt de son commerce est ici égal à celui de la France en particulier et demande comme nous, pour commencer utilement avec l'Inde, une route courte, facile, sûre et prompte, qui ne touche pas seulement à quelques points du littoral, mais qui, artère profonde, traverse le centre des États de l'Europe, celui des provinces qui nous séparent de l'Inde, et desserve ainsi, avec plus d'économie, les nombreuses villes manufacturières de l'Europe et les grands centres de production et d'échange de l'Asie.

Un simple coup-d'œil sur la carte suffit pour signaler les avantages que présenterait à la France, comme à l'Allemagne, à l'Autriche-Hongrie et à la Turquie une ligne ferrée qui, partant de Constantinople-Scutari, atteindrait l'Afghanistan-Occidental et relierait ainsi l'Inde aux États de l'Europe. On voit, en effet, que ce chemin est le trajet le plus direct entre l'Europe Continentale et les plus importantes provinces de l'Empire ottoman, du Royaume de Perse et de l'Indoustan Occidental; ajoutons que, à Astérabad et à Guettur, points extrêmes de notre ligne, notre chemin atteint par la voie la plus courte, les riches produits des provinces de Khiva, de Bouckara, de Samarcand, de Balk, de l'intérieur de la Chine, de Merwell, du Hérat, du Kandahar, du Caboul, du Kerman, de Cachemire, de Lahore, du Moultan et de toutes les provinces qui avoisinent le haut et le bas Indus, dans Calcutta et Bombay, en sont à des *milliers de kilomètres plus éloignées que nos gares.*

Le jour où la route continentale des Indes, que nous proposons de construire, sera achevée, le jour où l'on pourra aller, sans discontinuation, de Paris à Astérabad, à Guettur, par Munich, Vienne, Constantinople, Bagdad, Sipahan et Chiraz en quelques semaines, le mouvement commercial avec l'Inde sera centuplé, parce que des millions de négociants l'entreprendront à cause de la facilité de pouvoir renouveler plusieurs fois dans l'année leurs opérations, et par celle de pouvoir au besoin aller veiller eux-mêmes à leurs intérêts, sans perte de temps, car, ne cessons de le dire, le temps est lui aussi un capital précieux.

Examinée à ce point de vue, la question s'agrandit et les intérêts individuels doivent s'effacer devant l'intérêt général des peuples, et si effectivement la route ferrée par l'Allemagne, l'Autriche-Hongrie et la Turquie doit avoir pour résultat de rendre accessible aux négociants des plus petites villes de l'intérieur de l'Europe, le commerce des Indes, de nous fournir à meilleur marché que par les voies maritimes, les matières premières, les épices, les teintures, les drogues dont l'Europe a besoin, si elle ouvre à nos produits les marchés de l'intérieur de l'Asie ; si, enfin, elle met à quelques journées de distance une population de 180 millions de consommateurs, la question est jugée, et la route de fer que nous proposons de construire doit être préférée à toute autre.

Le mouvement qui se fairait sur cette route mettrait en rapport journalier les peuples de l'Occident et ceux de l'Orient ; de ces rapports naîtraient vîte des relations d'affaires qui n'existent pas aujourd'hni, et la production qui s'arrête, faute de nouveaux consommateurs, trouverait dans les marchés de l'intérieur de l'Asie des débouchés nouveaux.

Notre nouvelle Compagnie des Inde-Orientales faciliterait à l'origine ce mouvement commercial, en se servant pendant la construction du railway de la route actuelle qu'on améliorerait, et sur le parcours de laquelle on établirait de suite un service régulier et accéléré et en créant sous la dénomination de Comptoir Franco-Indo-Chine, des maisons de commerce qui se chargeraient, moyennant commission de recevoir les marchandises que l'on voudrait envoyer sur les marchés de l'Asie-Mineure, sur ceux de la Perse, de l'Indoustan, ou de la Chine, de les vendre et d'en faire les retours : opérations qui auraient pour garantie la nouvelle Compagnie française des Indes-Orientales. Le commerce de l'Europe centrale, trouve-t-il aujourd'hui pour ses transactions avec l'Inde, une sécurité aussi parfaite ?

De la constitution de notre Compagnie daterait l'ère de la civilisation et de la liberté pour les peuples de l'Orient et de ce jour daterait aussi, l'affranchissement du tribut que le commerce de l'Europe centrale paye à l'Angleterre pour les productions de l'Inde. Cette double conquête pacifique, nous semble digne des fabricants et des commerçants de l'Europe centrale.

Dans vingt années la puissance financière de la Nouvelle Compagnie française des Indes-Orientales, serait énorme.

En effet, quelle valeur représenteraient alors ses comptoirs fonctionnant dans chaque centre de population, ayant des relations journalières avec l'Europe et avec les indigènes de l'Inde, du Turkerstan et avec ceux de l'Empire chinois?

Quelle valeur représenteraient ses magasins remplis de marchandises venant de l'intérieure de l'Asie? Ses territoires acquis? Ses terres cultivées? Les mines exploitées; et son chemin de fer recevant par ses gares placées sur quatre mers différentes, reliées entr'elles par le railway, les marchandises du monde entier?

L'imagination se perd lorsqu'on songe à l'avenir brillant réservé à la Nouvelle Compagnie française des Indes-Orientales et pour la prospérité du commerce de la France et pour celui de l'Europe centrale, nous en souhaitons la constitution et l'exercice.

Et maintenant, comment supposer qu'en présence de tant de milliards souscrits en France, pour des entreprises à l'Etranger, entreprises qui n'avaient pas de raison d'être, qui ne rapportent rien, ou presque rien, comment disons nous, pouvoir supposer que le capital d'une entreprise aussi éminemment française, et qui *intéresse toute l'Europe centrale*, ne se réaliserait pas et promptement, lorsqu'il est démontré que les fonds engagés rapporteraient des dividendes considérables et participeraient aux chances de *lots gagnants, tels que les affaires en Europe ne permettent pas d'en créer de pareils?*

Que le gouvernement ne reste plus *indifférent* à *cette grande question*, qu'il *nous aide*, et nous organiserons bien vite la Nouvelle Compagnie française des Indes-Orientales, et nous réaliserons promptement le capital de deux milliards de francs, parce qu'en finance, comme en politique, pour obtenir de grands résultats, il faut s'adresser au peuple, et parler à ses intérêts, à son cœur, à son imagination.

C'est le peuple qui, épris de l'utilité des chemins de fer, a donné des milliards pour les construire et a entraîné les banquiers et les capitalistes dans cette voie, dans laquelle ils refusaient d'entrer.

C'est le peuple qui, remplit de patriotisme, a souscrit le premier emprunt de sept cents millions de francs, alors que les banquiers, les financiers et les hommes d'État, croyaient à un échec et le prédisait.

C'est le peuple qui, sans concours de banquiers a donné des milliards pour un grand nombre d'entreprises et, qui, tout dernièrement encore, a souscrit les deux emprunts ensemble de six milliards de francs.

C'est donc au peuple qu'il faut s'adresser, et si on arrive à le passionner pour notre nouvelle Compagnie française des Indes-Orientales, il fournira le capital.

Or, qui peut mieux parler à ses intérêts que le maintien du traité de commerce avec l'Angleterre, qui donne la vie à bon marché?

Que le développement de son commerce et les richesses qu'il peut acquérir dans l'Asie centrale?

Qui peut mieux parler à son imagination que les belles et riches contrées de l'Orient?

N'avons-nous pas été bercés, avec toute cette histoire ancienne, d'une civilisation brillante qui nous apparaît comme un rêve? Et cependant ce rêve a eu sa réalité, et les ruines de *Ninive,* de *Babylone,* d'*Ectabobane,* de

Persépolis, et de tant d'autres villes célèbres, attestent encore aujourd'hui, de la grandeur des peuples qui ont habité ces vastes contrées de la Mésopotamie et de la Perse jusqu'à l'Indus !

Mais, pour pénétrer dans l'intérieur de ces provinces, pour y fonder des établissements durables, qui n'aient rien à redouter en temps de guerre de la puissance maritime de l'Angleterre, il faut une route continentale, et comme il n'y en a qu'une *seule de libre,* c'est *à nous à la prendre, avant que les Anglais ne la prennent.*

Nous livrons au public ce nouvel et court examen d'un des côtés de la question vitale pour la France, de son commerce avec l'Inde, et nous reconnaissons que *seul,* nous ne pouvons *rien;* mais, si les hommes éminents qui composent les conseils généraux, les honorables membres des Chambres de commerce, MM. les notables fabricants et négociants, ainsi que les écrivains, veulent étudier la question, et si, ensuite, ils pensent qu'effectivement la constitution de notre Compagnie contribuerait puissamment à la prospérité de la France, nous leur demanderions de vouloir accorder leur appui moral à notre projet et de prendre l'initiative de pétitions adressées de tous les points de la France, à M. le Président de l'Assemblée nationale, pour que la proposition que nous avons eu l'honneur de lui adresser, soit examinée et prise en considération.

Cette manifestation pacifique et patriotique pourrait avoir son efficacité, ou tout au moins faire sortir le gouvernement de cette indifférence coupable au sujet de notre commerce avec l'Inde, car ne l'oublions pas notre gouvernement *abandonne sans lutte, à l'Angleterre, deux cents millions de consommateurs!*

Or, en supposant que chacun de ces consommateurs, que l'Angleterre seule pourvoie, donne en moyenne 10 à 15 francs de profits par an, cela fait un revenu de 2 à 3 milliards.

Est-ce tout? Non, parce que l'Angleterre pourvoie aussi l'Europe, qui est tributaire de son commerce pour les productions de l'Inde, et le bénéfice qu'elle fait, sur nous, Européens, qui augmentons ainsi le nombre de ces centaines de millions de consommateurs asiatiques, doit être au moins aussi considérables. — Ce n'est donc pas 2 à 3 milliards que l'Angleterre retire de l'Inde, mais 5 à 6 milliards de francs par an.

Voilà, en un mot, le secret de sa richesse et de sa prépondérance.

Laisserons-nous plus longtemps au commerce anglais, ces immenses profits sans chercher à y prendre part? Et du moment qu'il est démontré que la nouvelle Compagnie française des Indes-Orientales, nous en fournirait le moyen, ne pouvons-nous faire trève à nos dissentions politiques, et nous réunir tous, pour organiser la *seule entreprise* qui puisse relever l'influence et la fortune de la France, en nous faisant participer aux immenses richesses que procure le commerce avec l'Inde?

ESTIMATION DU PRODUIT DE L'AGRICULTURE

Notre illustre homme d'État, M. Thiers, en parlant des possessions des Anglais dans l'Australie, et des profits que cette nation en retire, a cité à la tribune un exemple du produit de l'agriculture en Australie; il a dit que « des éleveurs qui ont commencé avec 150 mille « francs, gagnent jusqu'à 500 mille francs dans « l'année. »

Eh bien, ce qui a lieu en Australie, peut se produire en Mésopotamie, parce que les terres y sont aussi bonnes, aussi fertiles et que le climat y est excellent.

Les plaines immenses de la Mésopotamie, territoire uni comme la mer, aussi vaste que la France, traversé par deux grands fleuves, le Tigre et l'Euphrate, et par d'autres rivières et cours d'eau secondaires, est un sol d'alluvion d'une fertilité merveilleuse, spécialement en *céréales*, et pourrait fournir jusqu'à cent millions d'hectolitres de froment; si l'Occident de l'Europe avait besoin un jour de cette quantité; cette contrée, qui fut le siége de la puissance et de la richesse inouïe de Babylone, est encore la terre féconde de l'antiquité, seulement elle manque de bras pour la cultiver; mais, si la Compagnie établissait des colons, elle donnerait un développement considérable à la production actuelle, du règne végétal, blés et céréales, riz, légumes, cafés, tabacs, coton, indigo, opium, gomme, manne, huile de ricin, noix de Galles, fruits secs, graines de serre, safran, garance, essences, bois précieux, encens, et à celle du règne animal, les soies, les laines, les peaux, les suifs, les cires d'abeilles, le nacre, l'ivoire, l'os, etc.

Maintenant, si nous prenons pour base de nos estimations de produit de l'agriculture les bénéfices que les Anglais retirent de l'agriculture en Australie, nous aurons trois ou quatre capitaux pour un chaque année. — Or, comme la Compagnie y emploirait cent millions, elle gagnerait à ce compte trois à quatre **cent millions** par année ! !

ESTIMATION DU PRODUIT DES MINES

ET DE LA MÉTALLURGIE

L'Anatolie et plusieurs provinces de la Perse renferment des richesses minérales incalculables. L'or, l'argent, le cuivre, les perles, les turquoises, l'étain, le fer, le plomb, les marbres seront pour la Compagnie une source de produits considérables, du jour où elle les exploitera avec les moyens que donne la science. Ces richesses sont restées jusqu'à présent enfouies dans le sol, et les quelques mines que les gouvernements exploitent, le sont avec des moyens si grossiers, que les produits qu'elles donnent, bien que considérables, ne représentent que faiblement ce qu'on pourrait en retirer. En effet, la mine d'*argent* de Kaban-Maden, et celle de *cuivre* d'Argana-Maden, dans l'Anatolie, près de Diabékir, sont mal exploitées et les minerais très-mal traités ; malgré cela, cette dernière donne chaque année plus de trente mille quintaux de cuivre.

Les mines de turquoise, d'or, d'argent, d'étain que renferme la province du Khorassan, en Perse, ne sont pas exploitées, quoique très-riches en teneur et très-abondantes en minerais. Enfin, la riche mine de cuivre d'Arboil, si renommée par la largeur de ses filons *continus*, ne l'est pas davantage.

Comment, en cet état, pouvoir estimer les produits de ces richesses d'une manière certaine? Mais aussi, comment pourrait-on contester, qu'en employant des hommes spéciaux et pratiques, pour faire des travaux souterrains d'exploitation, et des hommes de science, pour le traitement complet des minerais et l'affinage, on n'arriverait pas à retirer annuellement de ces contrées des quantités énormes de métaux précieux, dont la France a un si grand besoin *en ce moment?*

Nous ne mettons pas en doute que, si la Nouvelle Compagnie française des Indes-Orientales employait une partie de son capital à l'exploitation de ces nombreuses richesses, ces contrées ne devinssent, pour elle, une nouvelle Californie.

CONSTRUCTION

DU

CHEMIN DE FER ASIATIQUE

qui relierait

L'INDE AUX ÉTATS DE L'EUROPE

RELIERAIT AUSSI LES QUATRE MERS QUI BAIGNENT NOTRE CONTINENT

ET

Mettrait **PARIS** à dix journées d'**ISPAHAN**

Un simple coup d'œil sur la carte suffit pour signaler tous les avantages que présenterait à la France, comme à l'Allemagne, à l'Autriche-Hongrie et à la Turquie, une ligne ferrée qui, partant de Constantinople-Scutari, atteindrait l'Afghanistan, et relierait ainsi, l'Inde aux États de l'Europe.

On voit, en effet, que ce chemin, qui traverse le cœur de l'Asie-Mineure, est le trajet le plus direct entre l'Europe centrale et les plus importantes provinces de l'empire ottoman et du royaume de Perse. Ajoutons qu'à Astérabad et à Guettur, ce railway atteint, *par la voie la plus courte*, les riches produits des belles provinces de *Khiva, Bouckara, Samarcande, Balk-Marver, Hérat, Kandahar, Caboul, Kerman, Kachemire, Lahore, Moultan*, et toutes les provinces qui avoisinent le haut et le bas Indus.

En ce moment encore, la France et l'Allemagne ne communiquent que par mer, avec les provinces orientales de l'Inde, et les contrées de l'Europe centrale qui offrent précisément le plus de produits d'échange avec les contrées de l'Asie-Mineure et de la Perse, sont privées d'une voie de communication régulière, courte et facile. Notre railway doit mettre Paris, Vienne, Constantinople, en rapport direct avec Bagdad, Ispahan, Téhéran et l'Afghanistan, et développer des échanges importants entre deux parties de notre continent qui sont également, mais diversement, fertiles et productives; et remarquons que, notre chemin n'effleure, pas seulement quelques villes du littoral, mais, artère profonde, il pénètre jusqu'au centre des plus riches et des plus fertiles provinces de l'Asie, pour y porter le mouvement et la vie,

Dans les écrits que nous avons publiés sur cette question, nous avons analysé, les avantages spéciaux de ce railway, pour la France et puis pour l'Europe, et nous pouvons ajouter que, les contrées que la ligne projetée traverserait en Asie-Mineure, en Perse, et celles qu'elle atteindrait à Astérabad et à Guettur, sont comme encombrées des produits du sol; qu'elles sont les plus populeuses, les plus animées, les plus intelligentes et les mieux préparées aux multiples détails des transactions commerciales. Par conséquent, notre chemin ne peut manquer de rapporter beaucoup plus que les chemins anglais construits dans l'Indoustan, parce que ceux-ci ne sortent pas des possessions anglaises, qu'ils ont le littoral indien pour limite vers l'Europe, et que les grands centres de production en sont infiniment plus éloignés que de notre chemin. Ajoutons que notre chemin a quatre issues sur quatre mers différentes, et traverse le centre de la plus belle partie de l'Asie. Comment ne pas reconnaître qu'avec de pareils éléments de trafic, et le mouvement commercial que nos comptoirs provoqueraient dans toutes ces riches provinces, notre chemin de fer asiatique ne se placerait pas de suite au premier rang?

D'après des études sommaires faites avec soin, nous estimons la dépense du chemin, matériel fixe et roulant compris, à la somme de 671,500,000 francs.

La longueur de la ligne entière, dont nous donnons le tracé, serait de 5,550 kilomètres.

Tracé.

En sortant de Scutari, le chemin longe le golfe d'Izmid, jusqu'à la ville de ce nom où il rencontre de petits contreforts qu'il traverse en tranchées et en souterrains, et il arrive à Iznik, sur le lac de ce nom ; il atteint la rivière Sélaria qu'il suit jusqu'à Ider, et se dirige par Sarilar jusqu'à Angora. Au sortir d'Angora, il atteint sans difficulté le fleuve le Kizel, qu'il franchit et se dirige vers le mon Terikhel, qu'il traverse en souterrain, et se dirige sans autre difficulté de terrain jusqu'à Kinzarieth, où il entre dans les premiers contreforts du mont Taurus. Après les avoir traversés en souterrains, il arrive à Ghousoum par continuer et atteindre sans difficultés Malathia, sur l'Euphrate. De Malathia la ligne se dirige à travers des vallées, des monts et des lacs jusqu'à Argana-Maden, et de là, longeant le fleuve le Tigre, le chemin arrive à Diabékir.

Dans cette première partie de la route se trouvent les plus grandes difficultés de terrains et la dépense sera assez considérable ; nous l'estimons 138,500 fr. par kilomètre.

De Diabékir, part l'Embranchement qui relie le chemin de fer Asiatique à la Méditerranée, il se dirige en suivant l'Euphrate, par Soverk, Semerat, Rumkala et Alep à Alexandrette. Cette petite partie du chemin ne présente de difficulté de terrain qu'à son arrivée à Alexandrette.

De Diabékir à Badgad, le chemin continue sans difficulté marquante, en longeant le Tigre et en traversant Mossoul et les nombreuses villes qui sont situées sur la rive gauche de ce fleuve.

En partant de Bagdad, le chemin se dirigerait vers la frontière de la Perse, par Mandalli, et entrerait dans ce royaume à Zanganoum, ville persane située sur un des bras du fleuve Kherkal, que le chemin suit jusqu'à Chouster.

De Chouster, le chemin vient directement à Barbalon où il bifurquerait pour se rendre à Ispahan par Bouah-Bararah, et Koumcha : d'Ispahan la ligne irait, par Kachan et Koum, à Téhéran, et de là à Astérabad par Demond et Assoran.

De Barbalon la ligne continue jusqu'à Chiraz, sans obstacles de terrain et de cette ville elle atteint la ville de Lar, après avoir franchi en souterrain le mont Albout.

De Lar, le chemin se dirige vers Bender-Abassi, sur le golfe persique, et après avoir traversé Minah, il arrive à Jask, dernière ville perse, à l'entrée du golfe Persique.

A quelques kilomètres de Jask le chemin entre dans le Balouchistan à Jurigne (Indoustan) premier village indien sur la mer d'Aman, et il continue à longer la mer jusqu'à Guéttur, située au fond d'une baie sûre et spacieuse.

La province de Balouchistan confine à l'Indus, et si notre chemin s'arrête avant d'arriver sur ce fleuve, c'est pour ne pas blesser la susceptibilité des Anglais, et pour laisser entre leurs possessions, et celles de la Compagnie française, l'espace de la moitié de la province du Balouchistan.

La longueur du chemin de fer dont nous venons de donner le tracé, aurait, nous le répétons, **5,500** kilomètres, et coûterait, en chiffre rond, **670** millions de francs.

L'estimation de cette dépense, basée sur des études sommaires, faites avec soin, nous permettent de penser qu'on obtiendrait une diminution sur cette estimation, parce que les dépenses n'ont pas été amoindries dans les parties difficiles de la route, et pour qu'on en juge, nous allons donner l'estimation de la section de Scutari à Diabékir :

ESTIMATION SECTION DE SCUTARI A DIABÉKIR 1,000 kilomètres	DÉPENSES	
	PAR CHAPITRE DE TRAVAUX	PAR SECTION DE CHEMIN
Frais généraux à 5,000 fr. par kilom..	5.000.000	
Indemnité de terrains à 500 fr. par kilom.	500.000	
Terrassement et murs de soutènement à 50,000 fr. par kilomètre..........	50.000.000	
Travaux d'arts courants, à 10,000 fr. par kilomètre....................	10.000.000	
Travaux extraordinaires, à 20,000 fr. par kilomètre....................	20.000.000	
Gazonnement à 500 fr. le kilomètre....	500.000	
Déviation du chemin à 500 fr. le kilom.	500.000	
Stations, à 2.000 fr. par kilomètre.....	2.000.000	
Voie, matériel fixe et roulant, à 60,000 fr. par kilomètre..........	60.000.000	
		148.500.000

Il est probable que les terrains nous seront donnés gratuitement, et que la Compagnie obtiendrait d'autres avantages que nous ne pouvons signaler et qui réduiraient de beaucoup la dépense de construction.

Quand au revenu de la ligne, on sait que les chemins

construits dans l'Inde, rapportent considérablement, puisque quelques-uns, dit-on, produisent 100, 200 et 300 p. 100, — mais si les chemins anglais, construits dans l'Indoustan-Oriental, donnent de pareils résultats, le nôtre doit rapporter trois fois plus, par la raison que nous avons déjà signalée, savoir :

1° Que les contrées que la ligne projetée traverserait, en Asie-Mineure et en Perse, et celles qu'elle atteint à Astérabad et à Guettur, sont comme encombrées des produits du sol; qu'elles sont les plus populeuses, les plus animées, les plus intelligentes et les mieux préparées aux multiples détails des transactions commerciales;

2° Parce que les chemins anglais construits dans l'Inde, ne sortent pas des possessions anglaises, qu'ils ont le littoral Indien pour *limite vers l'Europe*, et que les grands centres de production en sont infiniment plus *éloignés* que de notre chemin;

3° Que notre chemin aurait *quatre issues*, sur quatre mers différentes, qui lui apporteraient les produits de *toute l'Asie* et ceux de *l'Europe entière*.

Ajoutons que, traversant le centre des provinces les plus commerçantes de l'Asie, il trouverait sur son long parcours un aliment constant de trafic.

Comment ne pas reconnaître qu'avec de pareils éléments de succès, que l'activité et le mouvement commercial de nos comptoirs augmenteraient, notre chemin de fer asiatique, ne se placerait-il pas de suite, *au premier rang?*

Voulant faire pour le produit de la ligne ce que nous avons fait pour le commerce, nous allons en amoindrir considérablement le revenu, que nous ne portons dans nos estimations qu'à 25 p. 100 du capital employé à la construction complète du chemin.

EXAMEN *succinct des différents avantages que la Nouvelle Compagnie Française des Indes-Orientales offrirait au Gouvernement français, au commerce et aux capitaux engagés dans l'entreprise.*

La Compagnie aurait la possibilité :

1° De donner au gouvernement 100 millions par an pour diminuer les impôts ;

2° D'acquérir au nom de la France, dans l'Indoustan-Oriental, de vastes territoires qui relèveraient son influence et sa fortune ;

3° D'accroître la richesse de la nation en développant son commerce avec la Perse, l'Inde et la Chine ;

4° De maintenir le traité de commerce avec l'Angleterre, sans dommage pour notre fabrication ;

5° De mettre notre commerce en relation directe et prompte, avec les populations de toute l'Asie centrale ;

6° Enfin d'offrir aux capitaux des profits considérables et tels qu'aucune autre entreprise ne peut en présenter de semblables.

Cette possibilité ressort évidemment des profits énormes que ferait la Compagnie. En effet, en calculant les bénéfices des opérations de commerce, suivant le rapport du capitaine Sicard, nous retirerions en moyenne 75 p. 100 sur les marchandises de l'Europe, vendues en Asie (*sur le littoral*), et 75 p. 100 sur celles des Indes, vendues en Europe. Ensemble 150 p. 100 sur le capital employé.

En diminuant ces profits à 20 p. 100 à l'aller et 20 p. 100 au retour, et en calculant sur deux opérations par an, nous aurons 80 p. 100 sur le capital employé en marchandises, soit. . . . . fr.   800.000.000

L'*Agriculture*, nous donnerait en calculant d'après M. Thiers. plusieurs capitaux pour un chaque année, mais en
réduisant le produit à un seul capital
par an, nous aurons 100.000.000

L'exploitation de richesses minières,
nous donnera également plusieurs capitaux pour un, mais nous réduisons le produit à 100.000.000

Le chemin de fer, d'après ce que rendent ceux qui fonctionnent dans l'Inde,
donnerait 100, 200 et 300 p. 100 de bénéfices. En réduisant le produit net à
25 p. 100 du capital employé (600 mil-
lions), nous aurons. 150.000.000

Ensemble bénéfices. . fr. 1.150.000.000

Cet énorme bénéfice annuel pourrait être réparti de
manière à ce que les actionnaires en reçoivent la
majeure partie distribuée en dividendes et en lots, et le
reste serait appliqué à différents services, savoir :

En redevances au gouvernement fran-
çais . . . . fr.   100.000.000

En acquisitions de territoires dans l'In-
doustan-Occidental. 100.000.000

En dons aux souverains, voisins de
nos établissements 100.000.000

Aux *Organisateurs* de la nouvelle Compagnie française des Indes-Occidentales,
5 p. 100 environ 60.000.000

Secours et imprévu 40.000.000

Fr. . . .   400.000.000

Aux actionnaires. 750.000.000

Total Fr. . . . 1.150.000.000

Ce bénéfice, que la Nouvelle Compagnie Française des Indes-Orientales ferait, résulte de l'estimation *amoindrie* des profits que les Anglais font actuellement, par la *voie maritime*, d'après le rapport du capitaine Sicard et d'après les faits signalés à la tribune par l'illustre M. Thiers, des profits que les Anglais retirent de l'agriculture en Australie, et *nullement* de *nos estimations*, qu'ils ne justifient qu'*à moitié*, par les raisons que nous avons exposées.

Et, puisque personne ne conteste que l'Angleterre retire deux milliards par an de son commerce avec l'Inde et qu'elle retire plus d'un demi milliard de l'Australie, pourquoi la France n'en retirerait-elle pas, nous ne disons pas *autant*, mais la *moitié*, si elle créait la Nouvelle Compagnie Française des Indes-Orientales, que nous proposons de former depuis 1854?

Ah! si après la guerre de la Crimée, l'Empereur eût porté ses idées sur le Tigre et l'Indus, au lieu d'avoir en vue le Rhin, la France serait autrement grande et prospère!

Disons cependant qu'en 1869 les idées de l'Empereur s'étaient portées sur ce point, puis qu'après lui avoir fait demander la permission de lui présenter de nouveau mon projet, j'en obtins l'autorisation. — Je demandais que le gouvernement m'accordât une somme de 500,000 francs pour frais d'étude de chemin sur le terrain et, d'après lettre datée du 7 juillet 1869, M. le chef du cabinet de l'Empereur me fit connaître que, par ordre de Sa Majesté, ma demande du 26 juin avait été envoyée à S. E. M. le Ministre des travaux publics.

A cette même époque, par lettre du 12 juin 1869, l'ambassade d'Autriche-Hongrie m'accuse réception de mon projet, en me faisant connaître qu'elle aurait soin de le transmettre à Vienne.

Les douloureux événements survenus arrêtèrent tous les projets et toutes les affaires.

Aujourd'hui, qu'aucune partie du Rhin ne nous appartient plus, — que nous avons perdu l'Inde, — que l'Angleterre s'apprête à prendre possession de l'Euphrate jusqu'à Bassora, — que la Russie possède Khiva, — la France restera-t-elle enchaînée par les révolutionnaires sur les bords de la Seine?

Où est le grand monarque qui nous débarrassera, une fois pour toutes, de ce fléau?

Qu'il vienne, la France l'attend pour se relever!

NOUVELLE QUESTION

La Nouvelle Compagnie française des Indes-Orientales offrirait-elle aux fabricants des avantages assez considérables pour permettre de maintenir le traité de commerce avec l'Angleterre, sans *dommage* pour notre fabrication?

Nous répondons *oui*, et à l'appui de notre affirmation, nous allons exposer les raisons et fournir des documents authentiques, qui ne laisseront pas le moindre doute à ce sujet.

Pour satisfaire à nos obligations, le gouvernement compte sur le développement de notre commerce et sur une augmentation considérable de la production et de l'exportation.

Nous reconnaissons que si pareille fortune nous arrive, nous pourrons nous relever; mais, jusqu'à présent, rien ne justifie que ces espérances se réaliseront, parce que notre fabrication est arrêtée, par des causes d'infériorité indépendantes du savoir et du vouloir de nos fabricants. En effet, il manque à notre fabrication, pour qu'elle puisse se développer, deux choses :

1° Des marchés d'approvisionnements ;
2° De nouveaux consommateurs.

Or, nous ne sommes pas placés pour les leur donner, et aussi longtemps qu'ils ne les auront pas, ils ne pourront pas travailler *beaucoup* et à *bon marché*; ils ne pourront pas soutenir la concurrence avec nos rivaux d'Angleterre, qui, eux, produisent *beaucoup* et à *bon marché*.

M. le Président de la République, l'illustre M. Thiers. a dit à l'Assemblée nationale : « Le bon marché fait la fortune de l'Angleterre », et comme nous avons besoin aujourd'hui, plus que jamais, de faire fortune, nous devons à tout prix donner à nos fabricants les moyens de travailler comme les Anglais, à *bon marché* et *beaucoup*.

C'est là qu'est la question! — C'est là qu'est le salut de la France !

Maintenant, où pouvons-nous trouver ces marchés d'approvisionnement des matières premières, et ces millions de nouveaux consommateurs, dont nous avons besoin pour développer la production?

Nous avons signalé à plusieurs reprises cette partie de l'Indoustan Occidental, en ce moment encore indépendante de l'Angleterre, et située entre la Perse et l'Indus, comme admirablement placée pour y former des établissements de commerce, qui donneraient satisfaction à nos fabricants, et qui, au point de vue politique, pourraient, sinon détruire complétement, du du moins sensiblement diminuer les causes de nos fréquentes révolutions, par l'attrait qu'offrirait aux hommes jeunes et *ardents*, qui veulent arriver *vite*, la perspective de faire des fortunes rapides dans ces riches provinces, où tout est à créer et où tout vient sans effort!

Qui pourrait affirmer que l'émigration des Allemands pour l'Amérique et celle des Anglais pour l'Inde, ne soient pas une des causes de la tranquillité intérieure dont jouissent ces pays?

Avant d'aller plus loin, constatons par des documents authentiques, que les causes de l'infériorité de notre fabrication sont bien celles que nous venons de signaler, et nous en déduirons ensuite la conséquence qu'il n'y a que la *possession de territoire* et la création d'établissements de commerce français dans l'Inde qui puissent nous donner les moyens d'accroître notre production.

Dans le mémoire de la Commission des ouvriers de Roubaix, remis en 1869, à M. le Ministre du commerce, par l'honorable M. Jules Brame, député, nous lisons :

« Considérant que, malgré la supériorité de l'ouvrier « français, notre fabrication nationale est frappée par « des causes d'infériorité qui se rattachent à la situa- « tion tant économique que politique du pays; que ces « causes sont les suivantes :

1° Parce que nous n'avons pas en France, comme nos rivaux d'Angleterre, deux cents millions de consommateurs à pourvoir.

2° Parce que nos marchés des matières premières sont moins considérables que ceux de l'Angleterre, et que notre approvisionnement est plus coûteux.

3° Parce que nos frais de transport des matières premières et manufacturées sont plus considérables.

Avant que ces cris de détresse aient été jetés, par les fabricants, l'Empereur Napoléon III dans son discours prononcé le 5 novembre 1863 à l'ouverture des Chambres, avait dit :

« Comment en effet, développer notre commerce « extérieur, si, en présence des vastes territoires occu-

« pés par les Anglais, les Espagnols et les Hollandais,
« la France restait seule, sans possessions dans les
« mers de l'Asie? »

Enfin, l'illustre M. Thiers a dit à la tribune du Corps
législatif : « *Nous n'avons pas les immenses débouchés* de
« l'*Angleterre*, nous n'avons pas l'*Inde* et l'*Aus-*
« *tralie* ! »

Cette communauté d'idées, avec ce que nous écrivons
depuis près de vingt années, sur la nécessité d'avoir
des possessions dans l'Inde, d'y établir des relations di-
rectes sûres et promptes, au moyen d'un chemin de fer
et des comptoirs commandités par la nouvelle Compagnie française des Indes-Orientales que nous avons pro-
posé d'organiser, avec l'aide et le concours du gouvernement impérial, nous permet de demander au nouveau gouvernement, présidé par l'illustre M. Thiers?

*Pourquoi ne chercherait-on pas à avoir aujourd'hui les
immenses débouchés que les Anglais ont dans l'Inde?*

Dans la situation difficile où se trouve la France,
nous devons faire un effort suprême et *hardi*, pour nous
sauver ; et si, comme personne ne peut le contester, il
n'y ait qu'un grand développement de notre commerce
qui puisse nous relever, nous devons même AU RISQUE
d'une GUERRE, prendre POSSESSION de la route continentale des Indes par l'Asie-Mineure et la Perse, construire
à travers ces riches provinces un chemin de fer qui relierait l'Inde aux États de l'Europe centrale, et fonder
des Établissements de commerce, d'agriculture et d'industrie, sur le parcours de ce railway et dans les provinces qu'il atteint.

C'est là qu'est l'avenir et la fortune de la France !

L'Allemagne, l'Autriche-Hongrie, la Turquie et la
Perse, ont le plus grand intérêt à la réalisation de ce
projet et seraient avec nous dans cette question : La

Russie toujours sympathique à l'alliance française, verrait sans inconvénient nous établir en face des possessions anglaises sur l'Indus, et mettre ainsi une LIMITE à leurs conquêtes vers le Bosphore.

On voit que les chances d'une guerre pour cette question, disparaissent devant l'intérêt général de l'Europe continentale, et la supposition que nous en avons faite n'est que gratuite; aussi croyons-nous fermement que le gouvernement n'aurait aucune appréhension de ce côté, s'il voulait entrer dans nos vues; mais il s'en écarte complètement; puisqu'il pense relever notre fabrication au moyen de DROITS PROTECTEURS.

Nous croyons qu'il se fait illusion, parce ces droits, peuvent bien favoriser quelques intérêts particuliers; mais ils ne *donneront pas à notre fabrication, ni les matières premières à meilleur marché, ni de nouveaux consommateurs*. Or, la question est-là.

Ensuite les idées de libre échange ont fait des progrès immenses dans la nation, et les représentants ne peuvent faire moins que d'en tenir compte, et en supposant qu'on rétablisse les tarifs protecteurs, on ne doit pas s'attendre à ce qu'il aient une longue durée, parce que la NATION N'EN VEUT PLUS.

Les représentants feront donc sagement de se préoccuper dès à présent de chercher un moyen autre que la protection, pour augmenter notre production, et nous ne craignons pas de nous tromper en disant que, l'unique moyen de donner un grand élan à la fabrication, au commerce extérieur et aux affaires en général, ç'est d'ouvrir à nos produits les marchés de l'intérieur de l'Asie, et si l'on hésite à prendre l'iniative dans la question du chemin de fer Asiatique, que notre Compagnie construirait, les Anglais le construiront et *promptement* sans *faire* DE DISCOURS.

Dans le moment critique où nous sommes, ce surcroit de malheur nous tuerait, parce cette route entre les mains des Anglais, serait la ruine complète de notre commerce extérieur et de notre fabrication; ce serait la perte irréparable de notre influence politique et l'histoire reprocherait au gouvernement de la République provisoire, sous M. Thiers, ou sous M. de Mac-Mahon, d'avoir laissé les Anglais accroître leur territoire en Asie, depuis l'Indus jusqu'à la Méditerranée.

Avec le peuple anglais, doué de qualités qui nous le font admirer, les entreprises les plus vastes, sont exécutées sans retard, lorsqu'elles sont à la convenance de son commerce. Or, comme ici, la question ne fait pas doute, il y aurait péril pour nous, à retarder de s'occuper d'améliorer la déplorable situation de notre commerce dans l'Inde, et à ne pas attendre que le projet de chemin de fer « de *Londres* à *la Vallée de l'Indus* » présenté à M. Gladstone par MM. Thomas et Low, soit définitivement adopté, parce que l'exécution suivrait de près.

En dénonçant le traité de commerce le gouvernement a tiré sur lui même, le coup est mortel pour la République, par ce qu'il porte sur le peuple.

Cependant, il est encore temps et si le nouveau gouvernement français voulait nous aider à constituer la nouvelle Compagnie française des Indes-Orientales, on établirait sur la route actuelle en attendant la construction des railways en service accéléré et régulier, qui fonctionnant immédiatement ouvrirait à nos produits les marchés de l'intérieur de l'Asie, et alors avec les idées de progrès dont ils sont animés, les fabricants ne demanderaient pas à la protection des avantages qu'ils pourraient obtenir dix fois plus grands par nos établissements dans l'Inde; et *le traité de commerce avec l'Angleterre, pourrait être maintenu, sans dommage pour notre fabrication :*

En terminant, il nous parait utile de faire connaître que l'idée de notre projet, de former une nouvelle Compagnie française des Indes-Orientales, pour faire le commerce avec ces contrées, par *voie continentale*, a été accueillie avec sympathie par les principales chambres de commerce de France, qui dans le temps, nous ont fait l'honneur de nous adresser des lettres d'encouragement et d'adhésion, auxquelles nous sommes sensibles, et qui nous ont donné le courage de persévérer dans l'entreprise.

— COPIE —

Lille, le 20 février 1855.

A Monsieur Aristide FERRERE, rue de Las Cases, 10, à Paris.

Monsieur

J'ai mis sous les yeux de la Chambre de Commerce de Lille la lettre que vous m'avez fait l'honneur de m'adresser le 2 de ce mois, ainsi que la brochure qui l'accompagnait, et dans laquelle vous avez établi les bases d'une Société à former pour le commerce de l'Europe avec l'Asie-Mineure, la Perse et les Indes-Orientales.

Ainsi que vous l'avez pensé, la Chambre devait se montrer sympathique aux efforts qui sont faits pour étendre nos relations et créer à notre production de nouveaux débouchés. Elle vous remercie de votre intéressante communication, ainsi que de l'initiative que vous avez prise pour la formation d'un établissement, dont la prospérité peut imprimer une activité nouvelle au travail manufacturier.

Agréez, Monsieur, etc.

Pour le président de la Çhambre empêché,

Le VicePrésident,

Signé : Auxelles.

— COPIE —

Nimes, le 8 mai 1855.

La Chambre de Commerce de Nimes à Monsieur Aristide FERRERE, à Paris.

Monsieur

Je viens au nom de la Chambre que j'ai l'honneur de présider, vous remercier de l'intéressante communication que vous avez bien voulu lui adresser.

La Chambre de Commerce de Nîmes apprécie les heureuses combinaisons du projet vaste et fécond que vous avez conçu ; il lui paraît réunir le double avantage de contribuer au progrès de la civilisation et de favoriser le développement de la prospérité commerciale de la France.

La Chambre fait des vœux sincères pour le succès de votre entreprise, dont elle apprendra avec satisfaction la réalisation prochaine,

        Agréez, etc.

                Signé : N. BRUNEL.

Après l'opinion exprimée par les chambres de commerce, si compétentes en ces matières, et après la lettre de l'honorable M. Jules Brame, député, homme qui fait autorité, nous sommes fondés à dire que notre projet est sérieux, patriotique et que l'exécution en est souhaitée.

Les objections qu'on nous opposait sur la possibilité d'exécution, tombent et s'évanouissent devant le rapport du comité anglais, et, quand à la réalisation d'un capital comme celui que nous demandons et qui effrayait les esprits timorés en finances, le montant de la souscription du dernier emprunt a démontré combien ces craintes étaient peu fondées ? !

Que le Gouvernement français nous vienne en aide et nous protége, et le capital sera souscrit au décuple.

Paris, juillet 1873.

Le promotenr et organisateur de la Nouvelle Compagnie
française des Indes-Orientales,

Aristide FERRERE,

5, Boulevard des Capucines.

COMITÉ D'ORGANISATION

DE LA

NOUVELLE COMPAGNIE FRANÇAISE

DES INDES-ORIENTALES

STATUTS

de la Société en Participation

pour l'Organisation de la Nouvelle Compagnie Française des Indes-Orientales

EN INSTANCE AUPRÈS DU GOUVERNEMENT

afin d'obtenir

CONCOURS, AIDE & PROTECTION

BUREAU PROVISOIRE : **5, Boulevard des Capucines**.

Après l'appui moral que nous sollicitons dans l'intérêt général, et que nous serions heureux d'obtenir de MM. les Commerçants, n'en est-il pas un autre, qui pourrait nous être accordé par les hommes qui possèdent d'immenses richesses ? Une parcelle de leurs écouomies, ne trouverait-elle pas, dans les dépenses que nous faisons pour organiser la nouvelle Compagnie française des Indes-Orientales, un placement *aléatoire*, mais infiniment plus avantageux que celui mis dans les paris des courses ? Le but que nous nous proposons n'est-il pas assez grand, assez patriotique pour vouloir y participer ?

La part qui reviendrait aux organisateurs de la nouvelle Compagnie française des Indes-Orientales, serait de *soixante millions de francs chaque année,* en ne calculant que sur une modeste commission de 5 p. 100?

En signalant ces énormes profits *éventuels,* nous ajoutons bien vite, que les fonds considérables enfouis dans cette entreprise depuis son origine, et ceux que nous aurons à dépenser encore, sont *aléatoires;* ils peuvent rapporter *six cents capitaux* pour un, si la nouvelle Compagnie française des Indes-Orientales se constitue, comme dans le cas contraire, ils peuvent être perdus, en partie ou en *entier.*

Observons cependant que nous calculons, comme si les gouvernements de France, d'Autriche et de la Turquie, ne devraient pas intervenir dans les dépenses par une subvention. Or, est-il raisonnable de supposer que, ces gouvernements qui ont si généreusement subventionné, des lignes et des Compagnies d'une beaucoup moins grande importance, ne voudraient pas venir en aide à l'organisation d'une Compagnie qui opérerait la libération du territoire, construirait le chemin de fer du Bosphore à l'Indus, fonderait des établissements de commerce, d'industrie et d'agriculture en Mésopotamie, en Perse et dans l'Indoustan occidental, et qui donnerait la possibilité de maintenir le traité de commerce avec l'Angleterre, sans dommage pour notre fabrication?

Ensuite, notre entreprise sort du cercle ordinaire des affaires, et n'est-il pas naturel de penser que, les chefs éminents et considérables de ces familles qui, par la propriété tiennent au sol depuis des siècles, dont les noms illustres appartiennent à notre histoire, et qui dernièrement encore ont combattu aux premiers rangs, pour défendre l'indépendance de leur pays, consentiront également à nous faciliter l'organisation d'une Compagnie qui aurait une aussi belle et aussi patriotique mission à remplir que celle d'enrichir la France, en développant son commerce extérieur avec la Perse, l'Inde et la Chine, qui acquerrait au nom de la France, dans l'Indoustan occidental de vastes territoires qui releveraient son influence et sa fortune?

Nous avons fait pendant dix-huit années consécutives des sacrifices personnels considérables, pour propager l'idée de notre projet, et nous n'avons épargné, ni l'argent, ni le temps, pour arriver à ce résultat. Nous avons eu les sympathies des Chambres de commerce de France, mais nous avons été seul à supporter les dépenses, et aujourd'hui que le succès de notre Entreprise dépend beaucoup, d'une grande publicité à faire pour provoquer, de tous les points de la France, des pétitions en faveur de la Compagnie que nous proposons d'organiser, nous espérons ne pas nous tromper en pensant que les hommes qui veulent l'indépendance du sol, la prospérité de la France et le libre échange, coopéreront à ce surcroît de dépenses.

Pour faciliter la réalisation de ce concours, et établir les droits proportionnels de chaque participant aux profits éventuels qui reviendraient aux organisateurs de la nouvelle Compagnie française des Indes-Orientales, si elle se constituait, nous avons formé une Société en participation dont voici les Statuts :

EXTRAIT DES STATUTS DE LA SOCIÉTÉ

Article Premier. — Il est formé par les présentes une société en participation, entre le soussigné JOSEPH-ARISTIDE FERRERE, propriétaire, demeurant à Paris, 6, Avenue du Roi-de-Rome, qui est promoteur et jusqu'à présent, le seul organisateur d'une Nouvelle Compagnie française des Indes-Orientales, en instances auprès du Gouvernement, pour obtenir concours, aide et protection,   D'une part.

Et les personnes qui adhéreront aux présents statuts, par une prise de parts d'intérêt créées comme il va être dit :

Art. 2. — La Société prend la dénomination de « *Comité d'organisation de la Nouvelle Compagnie française des Indes-Orientales,* » son siége est à Paris, il est établi provisoirement, 5, boulevard des Capucines.

Art. 3. — L'objet de la Société est de chercher à organiser une nouvelle Compagnie française des Indes-Orientales pour faire par voie continentale le commerce avec la Perse et l'Indoustan. De développer l'agriculture et l'industrie en Mésopotamie et de construire un chemin de fer qui relierait ces contrées aux États de l'Europe.

Art. 4.—Pour couvrir les dépenses faites depuis 1854, et pour subvenir à celles qui restent à faire, il est créé par les présentes 50,000 parts d'intérêts qui représentent la totalité des profits éventuels que la Société retirera de son entreprise. — 30,000 de ces parts sont émises pour le produit être employé aux dépenses à faire, et 20,000 parts sont remises à M. Joseph-Aristide Ferrere pour son apport de l'idée mère du projet, pour le remboursement des dépenses qu'il a faites depuis 1854, et en rémunération du temps consacré à l'affaire pendant cette longue période.

Art. 5. — Les parts d'intérêt sont au PORTEUR et numérotées de 1 à 50,000, chaque part a droit à un cinquante millième dans les trois quarts des profits éventuels de l'entreprise, et le quart restant sera reparti en lots gagnants.

Art. 6. — Il est émis des dixièmes de parts d'intérêts. — Chaque dixième a un droit proportionnel à la part entière et au dixième du numéro gagnant.

Art. 7. — Les parts sont extraites d'un registre à souche et sont signées et émises par le soussigné Joseph-Aristide Ferrere, comme directeur-général du Comité d'organisation de la Nouvelle Compagnie française des Indes-Orientales.

Art. 8. — Les parts et les dixièmes de parts d'intérêts sont payables en entier en souscrivant.

Les fonds provenant des parts d'intérêt, sont *aléatoires*, ils peuvent rapporter plusieurs centaines de capitaux pour un, si la nouvelle Compagnie française des Indes-Orientales se constitue, comme dans le cas contraire, ils peuvent être perdus, en partie ou en entier.

Art. 9.— L'émission des parts d'intérêts a lieu au Comité d'organisation. Boulevard des Capucines, 5, où les fonds sont versés. Il sera délivré des récépissés de versement signés par le directeur-général, M. Joseph-Aristide Ferrere, en attendant la confection des titres de participation contre lesquels les récépissés seront échangés.

Art. 10. — Les parts d'intérêts n'ont pas de prix. Leur valeur s'estime d'abord selon les chances de réussite de l'entreprise, ensuite selon les produits qu'elles peuvent recevoir annuellement.

Cependant, comme un trop grand inconnu pourrait induire en erreur, il sera affiché chaque lundi à la porte d'entrée du bureau, le prix moyen auquel les parts d'intérêt auront été vendue dans la semaine écoulée, et l'émission se fera à ce prix, pendant la semaine courante.

Art. 11. — Il est formé un comité d'organisation composé de cinq membres tous souscripteurs de parts d'intérêt, et auxquels les pouvoirs les plus étendus et définis dans l'article XII, sont donnés.

Art. 14. et dernier. — Pour mener à bonne fin la formation du comité d'organisation; l'Émission des parts d'intérêt — la réalisation des fonds, et la mise en train de l'entreprise, au moyen de publications, d'annonces et d'intermédiaires, tous pouvoirs existent dans le promoteur et seul organisateur actuel, M. Aristide Ferrere, jusqu'au jour où MM. les membres du comité d'organisation aient pris les rênes de l'administration.

Et maintenant nous prévenons le public que, conformément aux Statuts, nous émettons :

30.000 Parts d'intérêt,

dans les profits éventuels de l'organisation de la nouvelle Compagnie française des Indes-Orientales.

L'Émission se fait à raison de *100 francs la part* pendant le premier mois (1).

Pour demande de parts d'intérêt et de dixièmes de parts, s'adresser au Promoteur, *Boulevard des Capucines, 5.*

Paris, Juillet 1873.

Le Promoteur et Organisateur de la nouvelle Compagnie française des Indes-Orientales à former,

Aristide FERRERE.

(1) Remarque : Le prix de 100 francs que nous fixons à l'origine de l'émission des Parts, se justifie grandement par le produit qui reviendrait aux parts d'intérêts, si la Compagnie des Indes se constitue. En effet, en ne calculant que sur une modeste commission de 5 p. 100 sur les bénéfices, que cette Compagnie ferait, notre Société d'organisation recevrait annuellement plus de 60 millions de francs. Cette somme répartie entre les 50 mille parts d'intérêt, créées, donnerait à chacune d'elle, douze cents francs par an, qui à 6 p. 100 représentent un capital de 20,000 francs.

Or, y a-t-il en Europe, une seconde affaire qui présente une pareille chance de profits, pour un risque aussi minime?

Paris. — Imp. Wiesener. — Lutier et C⁰, rue Delaborde, 35